Yale Language Series

Italian Through Film
A Text for Italian Courses

ANTONELLO BORRA
University of Vermont

CRISTINA PAUSINI
Wellesley College

Yale University Press New Haven & London

Publisher: Mary Jane Peluso
Editorial Assistant: Gretchen Rings
Manuscript Editor: Laura Jones Dooley
Design: James J. Johnson
Production Controller: Maureen Noonan
Marketing Manager: Tim Shea

Set in Simoncini Garamond and Memphis types by
Integrated Publishing Solutions.
Printed in the United States of America by Sheridan Books.

Library of Congress Cataloging-in-Publication Data

Borra, Antonello, 1963-
Italian through film : a text for Italian courses / Antonello
Borra, and Cristina Pausini.
p. cm. — (Yale language series)

ISBN 0-300-10020-5 (pbk. : alk. paper)
1. Italian language—Textbooks for foreign speakers—English.
2. Italian language—Readers   3. Motion pictures—Italy.
I. Pausini, Cristina.   II. Title.   III. Series.
PC1128.B67 2004
458.6′421—dc21
2003006850

A catalogue record for this book is available from the
British Library.

The paper in this book meets the guidelines for permanence
and durability of the Committee on Production Guidelines
for Book Longevity of the Council on Library Resources.

10 9 8 7 6 5 4 3 2

Contents

Acknowledgments

Our deepest gratitude goes to Dedda De Angelis, who not only taught us how to teach but, more recently, reviewed this manuscript. Other reviewers were Sabatino Maglione of Ithaca College, Flavia Laviosa of Wellesley College, and Brian O'Connor of Boston College. We thank them all for their constructive input. Our heartfelt thanks go to Adriana Hoesle Borra for her help in preparing the manuscript and for many important suggestions, as well as to Scott D. Carpenter for his technical and emotional support. We are also grateful to Mary Jane Peluso, Gretchen Rings, Laura Jones Dooley, and their colleagues at Yale University Press for their wonderful assistance.

Tips for Course Use

Many contemporary Italian films have achieved worldwide recognition. Such films as Roberto Benigni's *La vita è bella,* Giuseppe Tornatore's *Cinema Paradiso,* and Gabriele Salvatores's *Mediterraneo* have become popular vehicles for approaching Italy's language and culture, and instructors of Italian are increasingly incorporating modern Italian cinema into their curricula. With this trend in mind, we have designed *Italian Through Film* as a flexible tool for teachers who strive toward content-based instruction and believe that learning a language should be entertaining as well as meaningful.

Italian Through Cinema focuses on contemporary Italian films that are commonly found in school and university video libraries and can easily be rented from a video store. The book is an adaptable ancillary text geared toward high school and college instruction as well as adult education. Because the exercises range from the elementary to the sophisticated, they are suitable for beginning, intermediate, and advanced learners of Italian. At the second-semester intermediate level, *Italian Through Film* can be used as a primary text, with the integration of an appropriate grammar supplement and a selection of other reading materials.

Each of the ten chapters in *Italian Through Film* is devoted to one film. The movies are presented in chronological order and present material of comparable difficulty and complexity. Teachers may pick and choose which films they wish to include in their curricula at any level or stage of language instruction. The material in each chapter is geared toward an "extensive" reading or global viewing of the film. Instructors who would like to pursue certain cultural or linguistic aspects of the movie in the classroom, however, will find many opportunities for an "intensive" reading of scenes of their own choosing.

Each chapter features:

1. Activities before viewing the film

Opening sections provide information about the director ("Il regista"), the plot ("La trama"), and sociocultural issues specific to the film ("Nota culturale").

General questions introduce the main themes of the film, eliciting students' curiosity and setting their expectations.

A vocabulary list ("Vocabolario preliminare") and related exercises give students a solid foundation for learning key words and expressions before watching the film. Students will easily recognize and remember these words when they hear them again in context and with the support of images. We also recommend the use of a good dictionary.

2. Activities while viewing and after viewing the film

These activities are arranged in order of increasing complexity. They range from the purely closed true or false ("Vero o falso") and multiple choice ("Completa con la risposta giusta") formats to a question-and-answer format in which students must supply a discrete-point response. These exercises are designed not only to help students grasp specific facts about the film but to give them a more global comprehension of the movie's content and characters. The true or false and multiple choice exercises, in particular, not only check students' basic comprehension of the material but also recycle and reinforce the new vocabulary specific to the movie. Note that all the exercises are based on the entire movie rather than on individual scenes. For this reason, we recommend that students see the film either on their own time in a language laboratory or at a general showing arranged for the class.

3. Expansion activities

Guided expansion exercises (such as grid completion and open-ended questions) offer a transition between the mere comprehension of the film and its interpretation. These activities range from descriptions of selected scenes and characters to the analysis of elements of the soundtrack and the creation of alternative endings for the film. Teachers may wish to replay selected scenes in the classroom to check students' understanding and solicit their feedback as well as to bridge to the next suggested activity.

4. Internet-based activities

Internet-based activities expand on elements from the movie. Exploring Italian Web sites with a search engine is fun and motivating for many students.

5. Interpretative and creative activities

These activities, which may be directed toward either oral discourse or written assignments, elicit students' cultural and historical reflections and foster their personal reactions. At this stage, students can engage in class discussions or presentations ("Spunti per la discussione orale" and "Proposte per una presentazione") and then produce written compositions or research papers ("Spunti per la scrittura" and "Proposte per un saggio").

6. Grammar

A section of grammar highlights ("Aspetto grammaticale"), emphasizing certain aspects of the language used in the movie, concludes each chapter. This section is designed to be self-contained and autonomous—instructors may choose to use it along with the other exercises, skip it, or use it at another time.

We hope that you will find *Italian Through Film* to be a useful tool for promoting the understanding of Italian language and culture. Enjoy the movies!

Sample Lesson Plans

A Five-Day Week

Day 1. In class, read the information about the movie, director, or cultural highlight, making sure that the students understand the material. Introduce the new vocabulary with the related exercises and cover the "Prima della visione" questions. For homework, assign the viewing of the film.

Day 2. In class, have students answer the questions to the "Vero o falso" and "Fornisci tu la risposta giusta" sections. Then ask them to compare their answers in pairs. Double check with the whole class. For homework, assign the "Rispondi alle domande seguenti" section.

Day 3. Review the students' homework, then move on to the expansion activities (replaying one or more sequences of the movie as needed). Have students work in pairs or in groups, checking on their work. For homework, assign one of the Internet-based activities.

Day 4. Ask students to share the results of their Internet research with one another and with you. Divide the students into groups and assign one or more questions from the "Spunti per la discussione orale." Ask students to take notes so that they can report answers to their classmates. Assign one of the "Proposte per la presentazione orale" or one of the "Spunti per la scrittura" for homework.

Day 5. Ask students to give their presentation to the class or to read their composition to their classmates (in groups or in pairs). Students should take notes and then ask questions during a question-and-answer session. Collect students' compositions for correction and grading. Cover the "Aspetto grammaticale" section in class or assign it for homework.

A Three-Day Week

Day 1. In class, cover the vocabulary with related exercises and the "Prima della visione" questions. For homework, assign the viewing of the film along with the "Vero o falso" and / or "Completa con la risposta giusta" sections. If desired, assign the information about the movie, director, or cultural highlight for homework.

Day 2. In class, check students' answers to their homework and cover some of the expansion activities. Divide the class into groups and assign one or more questions from the "Spunti per la discussione orale." Ask students to take notes so that they can report answers to their classmates. For homework, assign one of the Internet-based activities. Cover the "Aspetto grammaticale" section in class or assign it for homework.

Day 3. Ask students to share the results of their Internet research with one another and with you. Go over the "Spunti per la scrittura" and ask students which ones they would like to write about. Have students work on ideas for a composition and compare them first with a partner and then with the class. For homework, assign a composition from the "Spunti per la scrittura," which you will collect for correction and grading.

1

Cinema Paradiso

di GIUSEPPE TORNATORE (1988)

Il regista. Giuseppe Tornatore nasce a Bagheria (Palermo) nel 1956. Comincia con la realizzazione di documentari per poi passare ai film con *Il camorrista* nel 1986 (storia di un boss del crimine organizzato a Napoli). Seguono *Cinema Paradiso* nel 1988 (vincitore del Gran Premio Speciale della Giuria a Cannes e dell'Oscar come migliore film straniero), *Stanno tutti bene* nel 1990 (storia di un vecchio siciliano interpretato da Marcello Mastroianni e del suo viaggio in visita ai figli sparsi per l'Italia) e *Una pura formalità* nel 1994. È poi la volta di *L'uomo delle stelle* (storia di un truffatore romano che sfrutta il sogno di celebrità della gente comune nella provincia siciliana) nel 1995, di *La leggenda del pianista sull'oceano* nel 1998 e di *Malèna* (storia dell'ossessione di un adolescente per una bella e giovane vedova diventata prostituta durante la seconda guerra mondiale) nel 2000.

La trama. Salvatore Di Vita, un regista affermato che vive a Roma e non torna in Sicilia da trent'anni, viene raggiunto dalla notizia della morte di Alfredo, un vecchio compaesano. Un lungo *flashback* ripercorre l'infanzia e la giovinezza di Salvatore e racconta del suo amore per il cinema alimentato dall'amicizia con Alfredo, il proiezionista dell'unica sala cinematografica del paese. Salvatore arriva in tempo per il funerale e per assistere alla demolizione del glorioso Cinema Paradiso, luogo di svago e di ritrovo per le persone di tutte le età e i ceti sociali negli anni '50 e '60.

Nota culturale: il cinema e la vita in provincia negli anni '50. La ricostruzione dell'infanzia di Salvatore offre uno spaccato della vita quotidiana di un piccolo paese della provincia meridionale negli anni a ridosso del secondo dopoguerra. Fino all'inizio delle trasmissioni televisive nel 1954, i film e i cinegiornali proiettati nei cinema rappresentavano uno dei pochi antidoti all'isolamento culturale e, come sostiene lo stesso Tornatore, lo schermo era una vera e propria «finestra sul mondo». In un contesto sociale piagato da analfabetismo e disoccupazione, il cinema, spesso gestito dalla parrocchia, era molto di più di una forma di intrattenimento. Non è quindi casuale che il sacerdote, come si vede nel film, esercitasse severe forme di censura su quanto i concittadini potevano vedere.

1. Prima della visione

1. Descrivi il tuo cinema preferito: è grande o piccolo, si trova in un centro commerciale, è un complesso multisala o altro? Ci vai in macchina, in autobus, da solo o con gli amici?
2. Sei mai stato in un *drive-in?* E i tuoi genitori? A che cosa ti fa pensare un *drive-in?*
3. Cosa pensi della possibilità di vedere film recentissimi con la *pay tv?* Pensi che la *pay tv* sostituirà il cinema?
4. A che cosa rinunceresti più facilmente: andare al cinema o guardare la televisione? Perché?

Vocabolario preliminare

il regista	director
la pellicola	film
il proiezionista	projectionist
la cabina di proiezione	projection booth
gli spezzoni di film	film strips
l'operatore	cameraman
la cinepresa	film projector
la maschera	usher
il chierichetto	altar boy
il campanello	bell
la licenza elementare	elementary school diploma
il mattatoio	slaughterhouse
il confessionale	confessional box
prendere fuoco	to catch fire
perdere la vista	to go blind
innamorarsi a prima vista	to fall in love at first sight
fare il militare	to do military service
dare del tu / del Lei	to speak informally / formally

A. Completa le frasi seguenti con la scelta giusta:

1. La persona che lavora nella cabina di proiezione è (il proiezionista / la maschera).

2. (Il campanello / la cinepresa) è lo strumento necessario per girare un film.

3. (Il chierichetto / l'operatore) aiuta il prete durante una celebrazione religiosa.

4. Quando si parla con una persona che non si conosce è bene (dare del tu / dare del Lei).

5. Un oggetto infiammabile può facilmente (perdere la vista / prendere fuoco).

6. Il primo diploma scolastico si chiama (la licenza elementare / il mattatoio).

7. In Italia, per tutti i ragazzi era obbligatorio (innamorarsi a prima vista / fare il militare).

B. L'intruso: indica con un cerchio l'unica parola fra quelle elencate a destra che non ha niente in comune con la parola della colonna a sinistra.

1. il confessionale	la chiesa, il prete, il chierichetto, il giardino
2. la pellicola	gli spezzoni di film, il computer, la cinepresa, l'operatore
3. il mattatoio	le uova, i vitelli, il macellaio, la carne
4. il regista	gli attori, il copione, il film, la discoteca
5. prendere fuoco	ardere, bagnare, incendiare, bruciare
6. fare il militare	riposarsi, arruolarsi, sparare, marciare
7. la maschera	il cinema, la torcia, lo spettatore, la scuola

2. Durante e dopo la visione

Vero o falso?

1. Nella prima scena la madre telefona dalla Sicilia.	V	F
2. Salvatore non torna al paese da trent'anni.	V	F
3. Salvatore è sposato.	V	F
4. Alfredo è contento di trovare il piccolo Totò in cabina.	V	F
5. La mamma di Totò cuce mentre il bambino guarda le foto del padre.	V	F
6. A scuola la maestra è molto comprensiva verso gli allievi.	V	F
7. Alfredo ha dei figli.	V	F
8. Alfredo fa il mestiere di proiezionista da quando era bambino.	V	F
9. Salvatore è disinvolto con Elena sin dall'inizio.	V	F
10. Elena deve trasferirsi a causa dell'università.	V	F
11. Salvatore è contento di fare il militare.	V	F
12. Salvatore segue il consiglio di Alfredo e torna a Roma.	V	F
13. Quando Salvatore torna per il funerale il cinema è chiuso da dieci anni.	V	F
14. La madre rimprovera al figlio di essersene andato.	V	F

Completa con la risposta giusta: a, b, oppure c?

1. Il prete dice a Totò bambino di non andare _____.
          a. in chiesa
          b. al cinema
          c. in sacrestia

2. Con le cinquanta lire spese per il cinema Totò bambino doveva _____.
          a. fare la spesa
          b. comprare delle arance
          c. comprare il latte

3. Salvatore apprende la notizia della morte del padre _____.
          a. dai quotidiani
          b. dai carabinieri
          c. dal cinegiornale

4. Il padre di Totò assomigliava a _____.
          a. John Wayne
          b. Charlie Chaplin
          c. Clark Gable

5. Il Cinema Paradiso prende fuoco perché _____.
    a. Totò proietta il film senza la supervisione di Alfredo
    b. Alfredo non fa in tempo a togliere la pellicola in fiamme dal proiettore
    c. Alfredo fuma una sigaretta in cabina di proiezione

6. Il cinema è ricostruito con i soldi di _____.
    a. un uomo di ricca famiglia
    b. un uomo che ha vinto una lotteria
    c. un uomo che ha avuto un'eredità

7. Quando Salvatore torna in Sicilia per il funerale prende _____.
    a. l'aereo
    b. il treno
    c. la macchina

8. Al posto del cinema, dopo la demolizione, costruiranno _____.
    a. un supermercato
    b. un palazzo
    c. un parcheggio

Fornisci tu la risposta giusta:

1. Alfredo non vuole che il piccolo Totò impari il mestiere di proiezionista perché:

    a. _____

    b. _____

    c. _____

2. Che cosa piace comunque ad Alfredo del suo mestiere? _____

_____

3. Chi saluta Salvatore quando lascia la Sicilia per andare a Roma?

    a. _____

    b. _____

    c. _____

4. Perché Salvatore non torna per tanti anni a Giancaldo? _____

_____

5. Perché quando il proprietario del Paradiso rivede Totò gli dà del Lei?

_____

6. Cosa ha lasciato Alfredo per Salvatore dopo la sua morte? _____

_____

Nella scena alla stazione di Giancaldo, prima che Salvatore parta per Roma, Alfredo gli dà una serie di comandi. Riportane cinque:

a.

b.

c.

d.

e.

3. Dopo la visione

Che tipo di film è secondo te? Fai un cerchio attorno a ogni definizione appropriata.

un film comico	un film nostalgico	un film romantico
un film d'azione	un documentario	un film drammatico
un film satirico	un film storico	un film di guerra
un film d'azione	un film poliziesco	un film impegnato
un film di avventure	un film di fantascienza	un cartone animato
un film per ragazzi	un film per adulti	un film per tutti

Ora confronta le tue scelte con quelle degli altri e giustifica la tua decisione con esempi specifici tratti dal film.

Sei tu il censore!

Nel film il prete vede per primo le nuove pellicole e ordina ad Alfredo di tagliare le scene «erotiche». Scegli e riassumi due scene che tu taglieresti in *Cinema Paradiso* e spiega il motivo della tua scelta.

1. _____

_____

_____

_____

2. _____

_____

_____

_____

Internet

Usando un motore di ricerca:

a. Scegli una città italiana e trova il nome e l'indirizzo di almeno cinque sale cinematografiche.

_____

_____

_____

_____

_____

b. Fai la lista dei titoli dei film in programma e dell'orario.

_____

_____

_____

_____

_____

c. Basandoti sul titolo, prova a indovinare di che tipo di film si tratta.

_____

_____

_____

_____

_____

Spunti per la discussione orale

1. Quale sequenza del film ti è piaciuta di più. Perché?

2. Qual è l'episodio più divertente? Quello più commovente? Quello più drammatico?

3. Sei soddisfatto del finale del film oppure tu lo avresti finito in maniera diversa? Come lo avresti fatto finire tu?

Spunti per la scrittura

1. Descrivi il rapporto tra Totò e Alfredo. Che tipo di legame li unisce? Che cosa fanno l'uno per l'altro?

2. Salvatore assiste alla demolizione del cinema, che cosa rappresenta per lui questo avvenimento? E per la gente del paese? Fai degli esempi.

3. Esiste una persona che ha influenzato molto la tua vita? Puoi descrivere questa persona? Che cosa ti ha insegnato? Quale passione ti ha trasmesso?

4. La storia del Cinema Paradiso racconta anche la storia di un paese e della sua gente nell'arco di quarant'anni: quali episodi sono significativi a questo riguardo e perché?

5. «Bisogna andare via per molto tempo, per moltissimi anni, per ritrovare al ritorno la tua gente, la terra dove sei nato.» Commenta questa frase di Alfredo alla luce del film e in generale.

Proposte per un saggio o una presentazione a livello avanzato

1. L'emigrazione dal Sud verso i paesi dell'Europa settentrionale.

2. La campagna di Russia durante la seconda guerra mondiale.

3. Il servizio militare in Italia.

4. L'analfabetismo nell'Italia del secondo dopoguerra.

5. Molti dei film proiettati al Cinema Paradiso sono americani. Quali sono i divi cinematografici di quegli anni? Quali di questi film hai visto?

4. Aspetto grammaticale

Le preposizioni

Preposizioni semplici

| di | a | da | in | con | su | per | tra / fra |

a. Inserisci la corretta preposizione semplice:

Esempio   Totò vuole andare _____ cabina.

Totò vuole andare _____ in _____ cabina.

1. «Io conosco Totò molto meglio _____ te.»

2. «A casa nostra non mangiamo neanche _____ mezzogiorno.»

3. «Questo non è un lavoro _____ persone sensibili.»

4. «Adesso va' _____ dormire, è molto tardi.»

5. «Quanto fa quattro _____ quattro?»

6. «Ma non si vergogna Lei a giocare _____ un bambino?»

7. «Fate silenzio laggiù _____ fondo!»

8. «Come ha preso la patente _____ operatore?»

9. «Totò, ora il Cinema Paradiso ha bisogno _____ te.»

10. «Queste sono cose difficili _____ spiegare!»

Preposizioni articolate

Preposizioni:	di	a	da	in	su		
Articoli:	il	lo	la	i	gli	le	l'

b. Fornisci la forma corretta della preposizione articolata:

Esempio   di + il = __del__

        1. in + la = _____

        2. su + lo = _____

        3. di + i = _____

        4. a + il = _____

        5. da + le = _____

        6. di + gli = _____

        7. in + l' = _____

        8. su + le = _____

        9. in + i = _____

        10. a + la = _____

c. *Inserisci la forma corretta della preposizione articolata:*

Esempio   Il prete si siede _____ centro della sala vuota.   (a)

                 Il prete si siede _____al_____ centro della sala vuota.

1. _____ finestre filtra una luce chiara.   (da)

2. Salvatore Di Vita è un uomo _____ cinquantina.   (su)

3. Salvatore fa il chierichetto _____ chiesa del paese.   (in)

4. Alfredo sta accendendo i carboni _____ lanterna.   (in)

5. La luce si spegne e _____ bocca del leone esce il fascio di luce.   (da)

6. Le immagini si susseguono _____ schermo.   (su)

7. _____ interno della sala c'è tanta gente.   (a)

8. La Germania è più vicina _____ Russia.   (di)

9. Un elenco di morti in Russia sarà pubblicato _____ prossimi giorni.   (in)

10. Presto Totò non avrà più bisogno _____ Cinema Paradiso.   (di)

2

Storia di ragazzi e ragazze

di PUPI AVATI (1989)

Il regista. Pupi Avati è nato a Bologna nel 1938 e ha ambientato la maggior parte dei suoi film tra la sua città natale e l'Appennino tosco-emiliano. Ha esordito con il genere *horror,* coltivato durante gli anni '70 e ripreso anche in seguito (*L'arcano incantatore* del 1995 è l'esempio più recente). Tuttavia, i suoi film migliori appartengono al filone delle memorie del passato e hanno spesso un tono elegiaco. Tra questi ricordiamo: *Una gita scolastica* del 1983, *Festa di laurea* del 1985, *Storia di ragazzi e ragazze* del 1989, *Dichiarazioni d'amore* del 1994, *Il testimone dello sposo* del 1997 e *La via degli angeli* del 1999.

La trama. Siamo in una domenica di febbraio del 1936, giorno in cui si celebra il fidanzamento tra Silvia, una ragazza di origine contadina, e Angelo, un giovane della borghesia cittadina. L'azione si svolge tra Bologna e Porretta Terme, dove si trova il casale in cui si prepara e si consuma il banchetto tra i parenti e gli amici dei due futuri sposi. Durante i preparativi e lo svolgimento della festa, ben ventisei personaggi sono messi a confronto, ognuno di essi con le proprie miserie, le proprie insoddisfazioni, i propri rimpianti e le proprie ipocrisie. Siccome il regista si ispira a ricordi legati al fidanzamento dei genitori, il tono del film risulta malinconico e affettuosamente ironico.

Nota culturale: classi sociali a confronto. Il film si basa sulla netta contrapposizione tra città e campagna e tra personaggi di estrazione sociale diversa in un'epoca, gli anni '30, in cui le differenze tra le classi erano molto più marcate che al giorno d'oggi.

1. Prima della visione

1. Cosa succede generalmente durante una festa di fidanzamento? È un evento comune nel tuo paese organizzare questo tipo di festa o no?
2. Oltre al fidanzamento, quali sono altre occasioni in cui parenti ed amici si radunano in modo ufficiale? Quale importanza hanno questi eventi per la tua famiglia?
3. Quali varietà di cibo si offrono agli ospiti durante un banchetto nel tuo paese? Fai degli esempi.
4. All'interno di una grande famiglia, quali possono essere i motivi di astio e di disaccordo? Fai alcuni esempi.

Vocabolario preliminare

il fidanzamento	engagement
il matrimonio	wedding / marriage
l'anello	ring
il casale	country house surrounded by cultivated fields
il bosco	woods
la scarpata	slope
impastare	to knead
fare la sfoglia	to make pastry dough
il bucato	laundry
il purgante	laxative
il ginnasio	first two years of high school for classical studies
il calesse	buggy
il contadino	farmer
il cacciatore	hunter
la cacciagione	venison
la doppietta / il fucile	double-barreled shotgun / shotgun
i pallini	bullets
il capofficina	superintendent
il reparto	unit / department
gli angeli	angels
fare il rappresentante	to be a sales representative
affittare	to rent
il fegato	liver
il coniglio	rabbit
l'anatra	duck
le regaglie / rigaglie	chicken and venison entrails / guts

A. Per ogni frase, trova la definizione corrispondente alla parola o frase sottolineata:

1. Maria <u>fa il bucato</u> una volta alla settimana.
>   a. lava i piatti
>   b. lava i panni
>   c. pulisce l'argenteria

2. Il dottore ha prescritto <u>un purgante</u> per i bambini.
>   a. un lassativo
>   b. un antibiotico
>   c. un calmante

3. Quando mio nonno va a caccia, porta sempre con sé <u>una doppietta.</u>
>   a. una pistola
>   b. una mitragliatrice
>   c. un fucile

4. Nelle campagne dell'Emilia-Romagna sono frequenti <u>i casali.</u>
>   a. le case di campagna
>   b. le ville sontuose
>   c. i mini appartamenti

5. Il cuoco <u>ha fatto la sfoglia</u> per i tortellini.
>   a. ha tirato la pasta
>   b. ha fatto una frittata
>   c. ha preparato il sugo

6. In Italia l'agricoltura è moderna e <u>i contadini</u> utilizzano molti mezzi meccanici.
>   a. le persone che lavorano in ufficio
>   b. le persone che lavorano in officina
>   c. le persone che lavorano nei campi

7. I genitori hanno organizzato una festa per il <u>fidanzamento</u> della figlia.
      a. il matrimonio
      b. la promessa di matrimonio
      c. l'anniversario di matrimonio

8. In una fabbrica, <u>il capofficina</u> controlla il lavoro degli operai.
      a. il capogiro
      b. il capotreno
      c. il caposquadra

B. Completa le frasi seguenti con la scelta giusta:

1. A molte persone non piace mangiare (le rigaglie / la scarpata).

2. È molto divertente fare un giro in (ginnasio / calesse).

3. Il mio vicino di casa fa (il rappresentante / il capo-officina) di prodotti farmaceutici.

4. (L'anello / il fegato) è un oggetto che simboleggia la fedeltà.

5. La mia famiglia vorrebbe (impastare / affittare) una casa al mare la prossima estate.

6. (Il bosco / il purgante) può essere un luogo tranquillo e riposante.

7. (L'anatra / il coniglio) è un uccello molto saporito da mangiare.

8. (Gli angeli / i pallini) sono sparati dal fucile e possono ferire o uccidere.

2. Durante e dopo la visione

Vero o falso?

1. Il film inizia il giorno prima del matrimonio di Silvia e Angelo.	V	F
2. La nonna di Silvia ha male a una gamba.	V	F
3. Baldo, il cacciatore, ha avuto diverse donne.	V	F
4. Il padre di Silvia è un professore.	V	F
5. Silvia lavora in città.	V	F
6. Nando odia i bambini.	V	F
7. La madre di Angelo è felice che lui sposi Silvia.	V	F
8. Il padre di Angelo è emigrato all'estero.	V	F
9. Linda dorme nella stessa stanza della nonna.	V	F
10. Giulio e suo fratello Augusto sono vissuti in Brasile.	V	F
11. Linda e Baldo parlano usando il «tu».	V	F
12. Il prete ha preparato una torta per Silvia e Angelo.	V	F
13. Ci sono cinque diversi tipi di dolce.	V	F
14. Valeria è una cugina francese di Domenico.	V	F
15. Taddeo è l'unico nella famiglia di Silvia a interessarsi alla politica.	V	F
16. L'anello di fidanzamento è un po' largo.	V	F
17. Alla fine del pranzo Angelo è deluso.	V	F
18. Angelo e la famiglia ripartono per Bologna il giorno dopo.	V	F

Completa con la risposta giusta: a, b, oppure c?

1. La madre di Silvia piange all'inizio perché _____.

        a. la figlia si deve sposare

        b. la nonna sta male

        c. il marito ha un'amante

2. Linda vuole il giornale da Roma perché _____.

        a. conosce un giornalista

        b. ama i giornali di Roma

        c. è di Roma

3. La madre di Angelo manda baci alle stelle perché _____.

        a. è superstiziosa e crede all'influsso degli astri

        b. è romantica ed ha nostalgia del marito

        c. è religiosa e ringrazia Dio in cielo

4. Domenico arriva al casale perché _____.
        a. è un ospite abituale
        b. è un lontano parente
        c. è il padrone di casa

5. Correndo giù per il prato i bambini credono di sentire volare _____.
        a. un'aquila
        b. un angelo
        c. un albatros

6. La nonna di Silvia tiene nascosto nel vestito _____.
        a. il suo testamento
        b. un biglietto d'amore
        c. l'elenco di chi non vuole al suo funerale

7. Angelo ha scelto un anello di fidanzamento _____.
        a. molto antico
        b. molto economico
        c. molto prezioso

8. La sorella maggiore di Angelo è ansiosa perché _____.
        a. suo marito non è affettuoso con lei
        b. non è ancora rimasta incinta
        c. crede di non essere abbastanza attraente

9. Giulio racconta che, quando era giovane, per farsi notare dalle donne lui _____.
        a. si sedeva al bar e mangiava molte paste
        b. si vestiva elegantemente
        c. raccontava barzellette

10. Alla fine del film Giulio dice alla moglie _____.
        a. «Vado al lavoro»
        b. «Vado a caccia»
        c. «Vado al caffè»

La parte centrale del film è costituita dal pranzo. Il lungo e raffinato menù è riportato qui sotto, ma i piatti non sono accoppiati nel modo giusto. Unisci gli elementi della colonna A con quelli della colonna B per ricostruire il menù originale.

A	B
tortellini	con patate al rosmarino
fegato fritto	di cinque qualità
manzo lesso	con patate tirate con la salvia e il burro
pollastro lesso	con le regaglie
lepre alla cacciatora	con salsa di peperone
anatra in umido	nel limone
cotoletta di maiale	in brodo
coniglio arrosto	con un intingolo di prezzemolo e cipolline
cappone grasso	passerini e quaglie
maccheroni	scappati
arrosto di storni	dolce e salato
gli uccellini	con zucchine fritte
il fritto	con dadini di sedano
i dolci	trifolata

3. Dopo la visione

Rispondi alle domande seguenti:

1. Chi è la Wanda? Perché Giulio piange per lei?

2. Com'è la nonna di Angelo?

3. Perché Domenico regala gli occhiali a tutti?

4. Quali sono i mezzi di trasporto che vediamo nel film?

5. Quanti sono i bambini? Come sono?

6. Com'è all'esterno il casale? Quali stanze vediamo dentro, invece?

Esterno del casale: Interno del casale:

_____ _____

_____ _____

_____ _____

_____ _____

_____ _____

_____ _____

Internet

Usando un motore di ricerca, trova informazioni e ricette tipiche delle seguenti cucine:

a. La cucina emiliana

b. La cucina toscana

Confronta i risultati della tua ricerca con quelli dei tuoi compagni di classe e decidi se tra le due cucine ci sono piatti e / o ingredienti comuni.

Spunti per la discussione orale

1. Quali sono i personaggi che ti hanno colpito di più e perché? Quali sono quelli più simpatici e quelli più antipatici?

2. Quali sono, secondo te, i difetti dei personaggi? Quali sono le loro paure, le loro ossessioni, le loro insoddisfazioni?

3. In quali altre scene si ripresenta l'elefante d'argento che vediamo nella sequenza di apertura? Quale significato può avere?

4. Ti è piaciuto il finale? Secondo te, che cosa rappresenta il bosco dell'ultima inquadratura?

5. Ti piace cucinare? Quali piatti sai preparare?

6. Quali differenze hai notato fra le tradizioni della gente di campagna e quelle della gente di città? Discuti le differenze di carattere, di disponibilità finanziarie e di abbigliamento.

Spunti per la scrittura

1. Hai mai partecipato a una festa di fidanzamento o a un matrimonio? Quali aspetti della tua esperienza sono comuni a ciò che hai visto nel film e quali sono differenti?

2. Secondo te, esistono ancora dei matrimoni contrastati a causa della differenza tra le classi sociali a cui appartengono i due innamorati? Quali altri motivi conosci per cui dei genitori possano opporsi al matrimonio di un figlio o di una figlia al giorno d'oggi?

3. Oggi il fidanzamento è più spesso un evento privato, nel passato invece coinvolgeva maggiormente le famiglie. Perché, secondo te? Vorresti una festa di fidanzamento per te? Come te la immagini?

4. Scrivi una ricetta per un piatto tipico della tua zona di origine.

Proposte per un saggio o una presentazione a livello avanzato

1. Nella prima scena, un elefante di argilla viene placcato attraverso la tecnica della ricopertura galvanica (*electroplating*) così da sembrare d'argento. Discuti il significato di questo episodio ricordando che siamo nel periodo fascista.

2. Il colonialismo italiano negli anni '20 e '30.

3. L'emigrazione italiana in Brasile e in Argentina.

4. Salutando gli ospiti, Taddeo dice : «Ci rivedremo al Vittoriale». Spiega che cos'è e da chi fu voluto il Vittoriale degli Italiani.

4. Aspetto grammaticale

I pronomi relativi

a. Inserisci «che» o «cui»:

1. La Wanda è una donna di _____ non ci si può fidare.

2. Angelo è l'uomo _____ ogni donna desidera.

3. Il fucile _____ Baldo mostra agli invitati è carico.

4. La città in _____ vive l'amico di Linda è Roma.

5. Augusto è sposato con una donna _____ ha molte pretese.

b. Inserisci la preposizione necessaria (di / a / da / in / con / su / per / tra / fra) davanti al pronome «cui»:

1. Il giorno _____ cui si svolge la festa il tempo è sereno.

2. A tutti sono evidenti le ragioni _____ cui Taddeo si è arrabbiato.

3. Le persone _____ cui si accennava a tavola sono amici di famiglia.

4. Non conosco il ragazzo _____ cui sei uscita ieri sera.

5. Il paese _____ cui vivono i genitori di Silvia si chiama Porretta Terme.

c. Collega le due frasi con il pronome relativo necessario come nell'esempio:

Esempio   Domenico ha un'amica. Tutti detestano <u>l'amica</u>.   (che)
                 Domenico ha un'amica CHE tutti detestano.

1. Silvia ha una nonna molto anziana. Vuole molto bene <u>alla nonna</u>.   (a cui)

2. Giulio è molto amico di una collega. <u>La collega</u> ha avuto molti uomini.   (che)

3. Il treno è in ritardo. Arrivano a Porretta <u>con il treno</u>.   (con cui)

4. Silvia ha un paio di scarpe nuove. Usa <u>le scarpe</u> solo la domenica.   (che)

5. Domenico ha una grande valigia. <u>La valigia</u> contiene occhiali.   (che)

ROBERTO BENIGNI is

Johnny
Stecchino

He's
armed
and
dangerously
funny.

"A riotous comedy.
Absolutely uproarious.
One of the funniest actors
on the face of the Earth."
Gene Shalit, TODAY SHOW

3

Johnny Stecchino

di ROBERTO BENIGNI (1991)

Il regista. Roberto Benigni è nato in provincia di Arezzo nel 1952. Le sue esperienze cinematografiche cominciano nel 1983 con il film *Tu mi turbi* seguito da *Non ci resta che piangere* con Massimo Troisi nel 1984 e da *Tuttobenigni* nel 1986. Nel 1988 esce *Il piccolo diavolo,* inizio della collaborazione con lo scrittore Vincenzo Cerami e di un crescente successo di pubblico anche a livello internazionale. L'anno successivo Benigni interpreta l'ultimo film di Federico Fellini, *La voce della luna. Johnny Stecchino,* del 1991, è nuovamente frutto del sodalizio con Cerami così come lo sono *Il mostro* (1994) e *La vita è bella* (1997). Quest'ultimo film è stato vincitore del Gran Premio della Giuria al Festival di Cannes del 1998 e di tre premi Oscar nello stesso anno. Nel 2002 Benigni ha diretto e interpretato una nuova versione cinematografica del *Pinocchio* di Carlo Collodi.

La trama. Dante vive da solo e lavora come autista di scuolabus. Il suo migliore amico e confidente è Lillo, un ragazzo affetto dalla sindrome di Down. Una sera Dante incontra la bella e sofisticata Maria, che rimane molto colpita da lui. Per Dante è un amore a prima vista, ma la donna riparte presto per la Sicilia. Un giorno arriva una sua telefonata e Dante sale su un treno per Palermo per andare finalmente a raggiungere la donna dei suoi sogni. Lo «zio» di Maria passa a prendere Dante alla stazione e lo accompagna in una villa sontuosa. Durante il suo soggiorno palermitano, Dante diventa protagonista di una serie di divertenti malintesi con lo «zio», le autorità ed i mafiosi locali.

Nota culturale: la mafia e i pentiti. La mafia è un'organizzazione criminale che si occupa delle più svariate attività illegali (il traffico di droga e di armi, il riciclaggio di denaro sporco, lo sfruttamento della prostituzione, ecc.). Come hanno dimostrato recenti indagini, il suo potere è garantito anche da forti collegamenti con il mondo della politica. I pentiti collaborano con la giustizia offrendo la loro testimonianza giurata contro altri mafiosi durante i processi in cambio di clemenza o diminuzione della pena carceraria. Sono spesso costretti a vivere nascosti o sotto protezione e a cambiare identità per non essere uccisi dalle persone che hanno denunciato.

1. Prima della visione

1. Quali film conosci che trattano della mafia? Descrivi lo stile di vita dei mafiosi secondo questi film (abiti, gesti, attività malavitose, vita familiare,...).

2. Ti sembra una buona idea realizzare un film comico sulla mafia? Perché sì o perché no?

3. Qual è il tuo attore comico preferito (cinematografico o televisivo)? Descrivi gli ingredienti della sua comicità (linguaggio del corpo, battute a doppio senso, carisma personale,...).

4. Quali sono i pro e i contro di avere un sosia, ovvero una persona che ci assomiglia moltissimo tanto da essere scambiata per noi (come ad esempio un fratello gemello)?

Vocabolario preliminare

il diabete	diabetes
l'assicurazione	insurance / assurance
la cocaina	cocaine
i carabinieri	military police
il bacio	kiss
baciare	to kiss
fare la pipì	to go pee-pee / to tinkle
fingere	to pretend
incastrare	to frame
imbrogliare	to cheat
imbroglione	cheater
la truffa	fraud
il neo	mole
lo stecchino	toothpick
la piaga	scourge / plague
perdere la testa per	to lose one's head / to go crazy for
avere la faccia da fesso	to look like an idiot
permaloso	touchy
il reato	crime
il magna-magna	chew and screw
il vigliacco	coward
pentirsi	to repent
somigliarsi	to look alike / to resemble

A. Collega la professione della colonna a sinistra con una descrizione della colonna a destra:

L'autista	presiede un processo in tribunale.
Il cardinale	fa la barba e taglia i capelli ai clienti.
Il ministro	serve i piatti ai tavoli di un ristorante.
L'ortolano	difende gli accusati in tribunale.
L'avvocato	è un alto esponente della gerarchia ecclesiastica.
Il maresciallo dei carabinieri	apre e chiude la porta ai clienti.
Il portiere dell'albergo	mantiene l'ordine in città.
Il cameriere	partecipa alle riunioni del parlamento.
Il giudice	vende frutta e verdura.
Il barbiere	guida la macchina.

B. Ricava la parola mancante facendo riferimento alla definizione tra parentesi e al vocabolario tematico:

1. _____ è molto diffusa nel mondo dei professionisti.
   (droga in polvere bianca).

2. Se una persona finge di avere una malattia per incassare i soldi dell'assicurazione commette _____.
   (una frode, un reato, un inganno)

3. Marco aveva detto una bugia alla mamma, ma poi ha dovuto
   _____.
   (provare dolore, sentire rimorso)

4. Mio fratello è molto _____ perché si offende facilmente.
   (ombroso, irritabile)

5. La mia migliore amica ha finito per _____ un ragazzo che ha conosciuto a una festa.
   (innamorarsi pazzamente di)

6. La criminalità è _____ che affligge molte grandi città.
   (il grave male sociale)

7. I carabinieri hanno preparato un piano per _____
   i mafiosi di Palermo.
   (mettere in trappola)

8. A scuola, se uno studente deve _____, può chiedere il
   permesso di andare in bagno al professore.
   (urinare)

2. Durante e dopo la visione

Vero o falso?

1. Dante incontra Maria alla festa.	V	F
2. Dante vive da solo.	V	F
3. Lillo soffre di diabete.	V	F
4. Maria sta all'Hotel Excelsior.	V	F
5. Maria detesta i dolci.	V	F
6. Lo «zio» è in realtà un avvocato.	V	F
7. Lo «zio» dice a Dante che la cocaina è un medicinale per il diabete.	V	F
8. Cozzamara è un carabiniere.	V	F
9. Johnny adora i baci.	V	F
10. Bernardino Cataratta è un giudice amico della mafia.	V	F

Completa con la risposta giusta: a, b, oppure c?

1. Prima di svenire Maria dice a Dante: _____
   a. «Santo cielo!»
   b. «Lei è un sogno!»
   c. «Devo fare la pipì!»

2. Il Dottor Randazzo lavora per _____.
   a. un'assicurazione
   b. la scuola
   c. il ministero

3. Per entrare all'Hotel Excelsior Dante si finge _____.
        a. americano
        b. inglese
        c. australiano

4. Maria dice a Dante di vivere con _____.
        a. una zia
        b. Johnny
        c. uno zio

5. Per lo «zio» una delle piaghe della Sicilia e di Palermo è _____.
        a. la mafia
        b. il traffico
        c. il caldo

6. Johnny per segnalare che ha fame _____.
        a. urla
        b. fischia
        c. abbaia

7. Dante dice ai Carabinieri che _____.
        a. si chiama Johnny
        b. non si pente più
        c. ama le banane

8. Dante e Maria vanno insieme _____.
        a. all'opera
        b. al bar
        c. dall'ortolano

9. A Villa Caputo Dante incontra _____.
        a. Johnny
        b. il Dottor Randazzo
        c. l'avvocato

10. Cozzamara dice che il tempo è _____.
        a. un tiranno
        b. un signore
        c. un assassino

Fornisci tu la risposta giusta:

1. Maria dice sempre...

2. Dante finge di avere un tic nervoso per...

3. Maria ha il vizio di pulirsi le mani...

4. Maria disegna un neo sulla guancia di Dante per...

5. Johnny vive nascosto perché...

6. Johnny dice sempre di Dante che...

7. Maria e Dante vanno all'opera per...

8. Johnny uccide l'avvocato perché...

9. Cozzamara capisce che Dante non è Johnny perché...

10. Maria dà un bacio a Johnny mentre sono fermi alla stazione di servizio perché...

3. Dopo la visione

Allo zoo. Con l'aiuto di un buon dizionario monolingue, per ognuno dei seguenti animali identifica il verbo che descrive il suo verso:

1. _____ il cane   a. cinguetta

2. _____ il gatto   b. gracida

3. _____ l'elefante   c. bela

4. _____ il leone   d. muggisce

5. _____ il maiale   e. abbaia

6. _____ la gallina   f. barrisce

7. _____ la rana   g. miagola

8. _____ il passero   h. ruggisce

9. _____ la mucca   i. grugnisce

10. _____ la pecora   l. starnazza

Significato letterale e significato metaforico:

Molte parole o espressioni del film possono avere un doppio significato a seconda del contesto in cui si trovano. Per ogni coppia di frasi, scrivi una «L» accanto alla frase in cui la parola o l'espressione sottolineata è usata in senso letterale e una «M» quando è usata in senso metaforico.

1. a. Il malato ha una piaga molto profonda.
    b. La mafia è una piaga della Sicilia.

2. a. Johnny ha ammazzato la moglie di Cozzamara con una raffica di proiettili.
    b. Il giudice Cataratta ha investito Dante con una raffica di domande.

3. a. Maria dovrà piangere e fingere di essere disperata al funerale di Johnny.
    b. Per Gianna, la collega di Dante, la festa non era divertente ma era un funerale.

4. a. Johnny ha <u>incastrato</u> molti mafiosi palermitani.
   b. Johnny ha sempre uno stecchino <u>incastrato</u> fra i denti.

5. a. Dante ha <u>rubato</u> molte banane.
   b. Dante ha <u>rubato</u> il cuore di Maria.

6. a. Maria è un <u>vulcano</u> di idee.
   b. L'Etna è un <u>vulcano</u> ancora attivo.

7. a. Maria <u>dà la mano</u> a Dante quando vanno al teatro dell'opera.
   b. Dante promette di <u>dare una mano</u> al ministro durante il processo.

8. a. Lo zio ha lasciato la <u>porta aperta</u> e Dante lo sorprende a sniffare cocaina.
   b. Dante dice a Maria che in lui lei troverà sempre una <u>porta aperta</u>.

Internet

Usando un motore di ricerca italiano, trova:

a. Almeno tre recensioni in italiano a questo film e confrontale con quelle degli altri studenti. La maggioranza delle recensioni è positiva o negativa?

b. Un itinerario turistico di una settimana per Palermo.

c. Informazioni sull'Etna e sulla storia delle sue eruzioni.

Spunti per la discussione orale

1. Fai un paragone tra Dante e Johnny: quali sono i tratti fisici che hanno in comune? Quali sono le differenze di personalità? Quale tipo di vita conducono rispettivamente?

2. Descrivi quali sono i «reati» di Dante e quali sono invece quelli di Johnny.

3. Secondo te, quali sono le scene più comiche del film? Descrivile e spiega in cosa consiste la comicità.

Spunti per la scrittura

1. Immagina che Dante e Johnny si trovino faccia a faccia senza preavviso. Scrivi un dialogo di venti battute cercando di rispettare i diversi tratti della personalità e facendo riferimento alla storia personale di ognuno di loro così come è presentata nel film.

2. Immagina che Maria non voglia che la mafia ammazzi Johnny. Riscrivi il finale del film partendo dalla sequenza in cui Johnny e Maria sono in macchina insieme diretti verso l'aeroporto.

3. Secondo te, perché Maria decide di consegnare suo marito a Cozzamara nel finale? Al suo posto, tu cosa avresti fatto?

Proposte per un saggio o una presentazione a livello avanzato

1. La storia della mafia: origini e organizzazione.

2. Giovanni Falcone e Paolo Borsellino: due giudici siciliani che hanno perso la vita combattendo contro la mafia.

3. I «pentiti» e il fenomeno del pentitismo.

4. Paragona l'immagine della Sicilia che propone questo film con quella di altri film italiani che conosci. Quale film ti è piaciuto di più e perché? Secondo te quale di essi dà un'idea più realistica dell'isola?

4. Aspetto grammaticale

I gradi dell'aggettivo

a. In ognuna delle frasi seguenti riconosci il grado dell'aggettivo e metti una croce (X) nella colonna appropriata:

	comparativo			superlativo	
	uguaglianza	maggioranza	minoranza	assoluto	relativo

1. Johnny è un mafioso pericolosissimo.

2. Johnny è alto quanto Dante.

3. Maria è la più bella donna che Dante conosca.

4. Maria è tanto gentile quanto intelligente.

5. Johnny è un uomo peggiore di Dante.

6. Dante è l'uomo meno corrotto di Palermo.

7. Dante è più divertente che attraente.

8. Lillo è un grandissimo amico di Dante.

9. Lo «zio» è un uomo estremamente stupido.

10. Dante è meno raffinato di Johnny.

b. Metti i seguenti superlativi relativi e assoluti al posto giusto facendo attenzione all'accordo con il soggetto a cui si riferiscono:

antichissimo   grandissimo   maggiore   massimo   migliore   minimo

minore   ottimo   peggiore   pessimo

1. La torta che ha fatto Dante è la _____ che Maria abbia mai mangiato.

2. Dante e Lillo sono _____ amici.

3. Johnny Stecchino è uno dei _____ mafiosi di Palermo.

4. Cozzamara è il nemico _____ di Johnny Stecchino.

5. Johnny ha un _____ carattere.

6. La _____ aspirazione di Dante è fare l'amore con Maria.

7. La differenza d'aspetto fisico fra Johnny e Dante è veramente _____.

8. Anche se appare per prima, Gianna è un personaggio _____ nel film.

9. La villa in cui vivono Maria e Johnny Stecchino è _____.

10. Il problema della mafia in Sicilia è _____.

Academy Award Nominee
Best Foreign Language Film

On a
magical
Greek island
a soldier
is about to
discover
that it is better
to make love
instead of war.

MEDITERRANEO

4

Mediterraneo
di GABRIELE SALVATORES (1991)

Il regista. Gabriele Salvatores è nato a Napoli nel 1950, ma è cresciuto a Milano dove ha presto cominciato a lavorare in ambito teatrale fondando il Teatro dell'Elfo nel 1972. Il suo primo lungometraggio risale al 1983 ed è un adattamento cinematografico del *Sogno di una notte di mezza estate* shakespeariano con cui Salvatores aveva già riscosso un notevole successo in teatro. I film *Marrakech Express* (1988) e *Turné* (1989) portano al regista un sempre più ampio consenso di pubblico e di critica che culmina nel 1991 con il premio Oscar per il miglior film straniero a *Mediterraneo*. Negli anni a seguire escono *Puerto Escondido* (1992), *Sud* (1993), *Nirvana* (1997), *Denti* (2000) e *Amnèsia* (2002).

Trama e nota culturale: «Spezzeremo le reni alla Grecia». Il 28 ottobre 1940 l'Italia di Benito Mussolini, alleata della Germania nazista, attacca la Grecia. Male armate e male equipaggiate, le truppe italiane vengono respinte; sarà l'esercito tedesco nella primavera dell'anno successivo a conquistare il paese. La vicenda descritta dal film ha inizio nel giugno del 1941, la Grecia è sotto il dominio tedesco e la missione dei soldati italiani è del tipo «osservazione e collegamento». I militari devono prendere possesso della remota isola di Mighisti nel mare Egeo e restarvi quattro mesi. Vi resteranno molto più a lungo, isolati dal resto del mondo e ignari degli sviluppi della guerra. Il regime di Mussolini è nel frattempo caduto e l'Italia ha firmato, l'8 settembre 1943, l'armistizio con gli anglo-americani sbarcati in Sicilia nell'estate dello stesso anno.

I personaggi principali:
    Raffaele Montini (il tenente)
    Nicola Lorusso (il sergente maggiore)
    Antonio Farina (l'attendente)
    Vassilissa (la prostituta)
    Libero e Felice Munaron (i fratelli montanari)
    Luciano Colasanti (il marconista)
    Corrado Noventa (il disertore)
    Eliseo Strazzabosco (il mulattiere)

1. Prima della visione

1. Quali sono i paesi che si affacciano sul Mediterraneo?
2. C'è un paese fra questi che vorresti visitare? Perché sì o perché no? C'è un paese fra questi che hai già visitato? Che cosa ti ha colpito del tuo viaggio?
3. Quali sono le immagini che associ alla Grecia? Quali informazioni possiedi sulla sua storia e sulla sua cultura?
4. Cosa sai della gerarchia militare? Hai amici o amiche militari?

Vocabolario preliminare

il tenente	lieutenant
il sergente maggiore	sergeant major
il marconista	radio operator
l'attendente	attendant
il mulattiere	mule-driver
il richiamato	redrafted soldier (person who has completed military service and is called back to active duty in time of war)
lo sbandato	soldier of displaced alliances / loyalties
il superstite	survivor
il disertore	deserter
il montanaro	mountaineer
il consegnato	soldier confined to barracks as punishment
la missione	mission
l'osservazione	observation
il collegamento	liaison
il deportato	deportee
l'ufficiale di complemento	reserve officer
fare la guardia	to be on guard duty

Espressioni gergali	fraseologia	sinonimo
cagare	andare a cagare	andare al diavolo
casino	fare casini	fare pasticci / disastri
cazzo = minchia		accidenti! / cavolo!
cazzata / fare cazzate		fare stupidaggini / fesserie
coglioni	rompere i coglioni	infastidire / dare sui nervi
culo	fare il culo	sconfiggere / battere / vincere
	avere culo	essere fortunati
merda		cacca / escrementi
puttana = troia	fare la puttana	essere una prostituta

Esempi di espressioni gergali tratte dal film

Non c'è un cazzo di nessuno.	There is not a damn soul around.
Ma che cazzo succede?	What the hell is going on?
Va bene un cazzo!	Good my butt!
Non facciamo cazzate!	Let's not screw up!
Gli stiamo facendo un culo così.	We are kicking their butt.
Che culo!	What luck!
Non me ne frega un cazzo.	I don't give a damn.
E che cazzo!	What the hell!
Che cazzo stai dicendo?	What the hell are you saying?
Ma che cazzo gli è preso?	What the hell came upon him?
Va' a cagare!	Go to hell!
Vaffanculo!	Go to hell!
Mi girano i coglioni.	I'm really mad / upset.

A. Collega ogni parola o frase della colonna a sinistra con la rispettiva definizione della colonna a destra:

1. Il tenente	è stato trasferito dalla madrepatria.
2. Il marconista	è un congedato chiamato di nuovo alle armi.
3. L'attendente	è un soldato disperso.
4. Il superstite	abbandona il combattimento di sua iniziativa.
5. Il disertore	deve restare in caserma per punizione.
6. Il consegnato	sopravvive a un disastro.
7. Lo sbandato	è un ufficiale dell'esercito.
8. Il richiamato	è responsabile della radio.
9. Il deportato	guida il mulo.
10. Il mulattiere	è al servizio dell'ufficiale.

B. Trova nella sezione delle espressioni gergali l'equivalente delle frasi seguenti:

1. Che cosa diavolo succede? _____

2. Non mi infastidire! _____

3. Vai al diavolo! _____

4. Che fortuna! _____

5. Non va bene per niente! _____

6. Sono arrabbiatissimo! _____

7. Tu fai sempre pasticci! _____

8. Non facciamo fesserie! _____

2. Durante e dopo la visione

Vero o falso?

1. I soldati italiani appartengono a truppe scelte.	V	F
2. L'isola è di grande importanza strategica.	V	F
3. Il Sergente Lorusso ha combattuto in Africa.	V	F
4. La scritta in greco sul muro indica ostilità.	V	F
5. Silvana è uccisa dal tenente.	V	F
6. Farina conosce il greco.	V	F
7. Nella vita civile il tenente fa il professore.	V	F
8. Corrado Noventa non è sposato.	V	F
9. Vassilissa è arrivata sull'isola con i tedeschi.	V	F
10. La madre e la sorella di Vassilissa hanno un ristorante.	V	F
11. Dopo la guerra Raffaele torna sull'isola per trovare Lorusso.	V	F
12. Alla fine del film Vassilissa accoglie Raffaele sull'isola.	V	F

Completa con la risposta giusta: a, b, oppure c?

1. I soldati temono lo sbarco _____.
   - a. degli inglesi
   - b. dei tedeschi
   - c. dei turchi

2. Il tenente regala a Farina un libro di _____.
   - a. poesie
   - b. memorie
   - c. racconti

3. Le lettere che Corrado Noventa consegna a Lorusso sono _____.
   - a. spedite
   - b. bruciate
   - c. lasciate in un cassetto

4. Raffaele Montini ha l'hobby di _____.
   - a. scrivere
   - b. dipingere
   - c. suonare

5. I fratelli Munaron fanno amicizia con _____.
   - a. una pastorella
   - b. un prete
   - c. dei bambini

6. Il tenente Carmelo La Rosa (l'aviatore) è di _____.
   - a. Milano
   - b. Roma
   - c. Palermo

7. Luciano Colasanti si innamora _____.
   - a. di Vassilissa
   - b. del sergente
   - c. della pastorella

8. I soldati italiani rimangono sull'isola _____.
   - a. tre mesi
   - b. due anni
   - c. tre anni

9. Antonio e Vassilissa hanno _____.
>   a. aperto un ristorante
>   b. comprato una barca
>   c. avuto dei figli

10. Lorusso è ritornato sull'isola soprattutto perché _____.
>   a. vuole rivedere Antonio
>   b. in Italia non si sta bene
>   c. ama la Grecia

Fornisci tu la risposta giusta:

1. Chi distrugge la radio? Come? Perché?

>   a.

>   b.

>   c.

2. Dove sono di guardia i fratelli Munaron? Qual è il loro compito preciso?

>   a.

>   b.

3. Cosa ruba il turco Aziz?

>   a.

>   b.

4. A chi spara Antonio? Perché?

>   a.

>   b.

3. Dopo la visione

<u>I personaggi</u>.
Raffaele, Nicola e Antonio sono tre tipi umani molto diversi. Descrivili fisicamente e fai una lista dei loro difetti e delle loro qualità.

	Il Tenente Montini	Il Sergente Lorusso	Antonio Farina
descrizione			
difetti			
qualità			

<u>Le scene particolari</u>. La vicenda dei soldati italiani è profondamente influenzata dall'arrivo sull'isola di altri personaggi. Descrivi nei dettagli le scene che hanno come protagonisti il turco Aziz, l'aviatore Carmelo La Rosa e i marinai inglesi e poi spiega quali sono le conseguenze di questi incontri.

Aziz	Carmelo La Rosa	Gli inglesi

<u>Sei tu il regista</u>. Immagina due diversi finali per il film, uno triste e uno allegro. Confronta i tuoi risultati con il resto della classe.

    a. Finale triste

    b. Finale allegro

Internet

a. Usando un motore di ricerca, trova informazioni sulle Forze armate italiane:

   1. Esercito

   2. Marina

   3. Aviazione

b. Immagina di voler fare una vacanza su un'isola del Mediterraneo. Con un motore di ricerca italiano, trova informazioni su isole italiane e su isole greche, poi decidi dove andare. Giustifica la tua scelta.

Spunti per la discussione orale

1. Come sono rappresentati gli italiani nel film?

2. Perché, secondo te, il film è «Dedicato a tutti quelli che stanno scappando»?

3. Discuti il ruolo della sessualità nel film.

4. In quale modo, secondo te, il film è antimilitarista?

5. Commenta la frase «In tempi come questi la fuga è l'unico modo per mantenersi vivi e continuare a sognare».

6. Secondo te questo film parla anche dell'Italia di oggi? In quale modo?

Spunti per la scrittura

1. Descrivi una vacanza ideale in un paradiso terrestre. Con chi andresti? Cosa porteresti con te? Quanto tempo vorresti rimanere?

2. «L'amore è cieco». Sei d'accordo con questa affermazione? Scrivi un saggio sui motivi della tua scelta.

3. Quali stereotipi degli italiani conosci? Confrontali con l'immagine dell'italiano presentata nel film.

4. Sei su un'isola con alcuni amici. A quale mezzo tecnologico non vorresti rinunciare: il computer, la televisione, la radio, il telefono cellulare? Perché?

Proposte per un saggio o una presentazione a livello avanzato

1. La campagna militare italiana in Grecia.

2. «Una faccia, una razza»: le diverse popolazioni e culture del Mediterraneo.

3. La figura della prostituta nel cinema e nella letteratura.

4. Cattolici e ortodossi: due cristianesimi a confronto.

4. Aspetto grammaticale

Tu / Lei = informale / formale

a. Trasforma le frasi dal registro informale a quello formale:

Esempio   Tenente, <u>Lei</u> cosa <u>vuole</u> fare?
                     Raffaele, <u>tu</u> cosa <u>vuoi</u> fare?

1. Tenente, <u>Lei parla</u> Greco?   Raffaele,...

2. Sergente, cosa ne <u>pensa Lei</u>?   Nicola,...

3. Tenente, <u>Lei sta sbagliando</u>.   Raffaele,...

4. Colasanti, dove <u>ha messo</u> la radio?   Luciano,...

5. Farina, <u>Lei</u> non <u>deve</u> avere paura.   Antonio,...

b. Trasforma le frasi dal registro formale a quello informale:

Esempio <u>Scusa, sai</u> dove sono gli altri?
Scusi, sa dove sono gli altri?

1. <u>Senti,</u> io non sono d'accordo con quello che <u>dici</u>.

2. Mi <u>passi</u> il <u>tuo</u> binocolo?

3. <u>Tu</u> non <u>dovresti</u> prender<u>ti</u> queste libertà.

4. <u>Tu</u> non <u>puoi</u> abbandonare qui la <u>tua</u> mula.

5. Dove <u>hai</u> messo la <u>tua</u> uniforme?

c. Completa le frasi nel modo più appropriato:

Esempio Padre, Lei cosa _____ (suggerisce / suggerisci)?
Padre, Lei cosa suggerisce?

1. Luciano, mi _____ (faresti / farebbe) un favore?

2. Ascolta, _____ (hai / ha) visto Vassilissa?

3. Signor Tenente, _____ (Le / ti) posso chiedere una cosa?

4. Mi scusi Sergente, non volevo _____ (farLa / farti) arrabbiare.

5. Antonio, tu non _____ (puoi / può) restare qui sull'isola.

6. Vassilissa, tu _____ (ama / ami) Antonio?

7. Padre, con il _____ (tuo / Suo) permesso io ridipingerei la chiesa.

8. Antonio, dove _____ (Si è / ti sei) nascosto? Non riesco a trovarti!

9. Sergente, mi _____ (devi / deve) restituire le lettere che Le ho dato.

A story about life... Italian style!

CARO DIARIO

(DEAR DIARY)

A Film by NANNI MORETTI

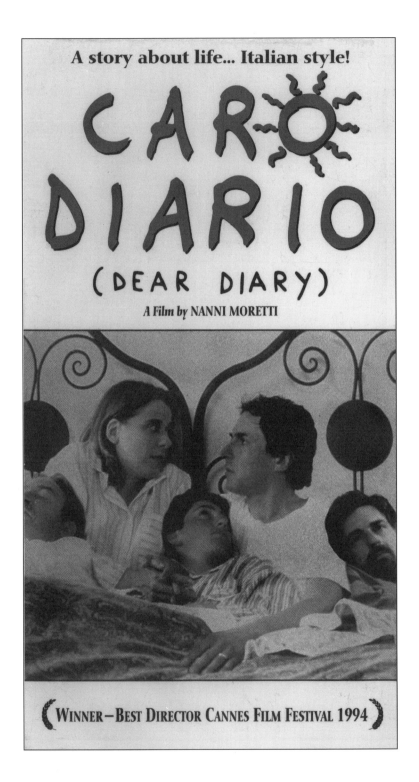

5

Caro Diario

di NANNI MORETTI (1993)

Il regista. Nanni Moretti è sicuramente uno tra i più originali registi italiani dell'ultima generazione. Nato a Brunico (Bolzano) nel 1953, è cresciuto a Roma dove vive tuttora. Come molti della sua generazione, da giovanissimo ha militato in gruppi politici dell'estrema sinistra. Ed è in particolare il ripensamento di questa esperienza politica che fornisce a Moretti uno dei temi ricorrenti nei suoi film. Le idee e i discorsi condivisi con molti suoi coetanei sono visti con grande ironia e autocritica, e alcuni degli atteggiamenti più intransigenti vengono derisi senza pietà. Tra i suoi film più famosi e ormai quasi oggetto di culto per il suo pubblico ricordiamo *Ecce Bombo* (1978), il lungometraggio d'esordio, *Bianca* (1984), *La messa è finita* (1985), *Palombella rossa* (1989) e *Caro Diario,* il film con cui gli sono arrivati i primi grandi riconoscimenti critici anche dall'estero. Nel 1998 è uscito l'ottavo lungometraggio, *Aprile,* e nel 2001 *La stanza del figlio,* un film che ha segnato un grande cambiamento stilistico. Moretti, come Woody Allen a cui è stato anche paragonato, scrive, dirige e interpreta tutti i suoi film.

La trama. Il film, in parte autobiografico, si divide in tre episodi il cui denominatore comune è il protagonista, Nanni Moretti. Nel primo episodio, il regista gira in vespa per alcuni quartieri di Roma poco noti al grande pubblico e racconta diversi aneddoti. Nel secondo, Moretti, insieme a un amico, visita le isole Lipari, un arcipelago a nord-est della Sicilia. Nell'ultimo episodio, invece, il regista racconta la propria esperienza con la malattia, i dottori e le medicine.

Nota culturale: nati negli anni '50. La generazione nata nel secondo dopoguerra ha vissuto una forte contrapposizione con la generazione dei propri padri. Nonostante un'infanzia relativamente agiata e tranquilla, i giovani degli anni '60 e '70 hanno sentito con grande urgenza il bisogno di cambiare, di migliorare la società in cui vivevano. E per molti studenti e intellettuali l'ideologia di estrema sinistra rappresentava l'unica valida alternativa a modi di vivere sentiti come ipocriti e fasulli. Le grandi tensioni sociali degli anni '60 e '70 erano in parte anche da ricondurre alle loro inquietudini esistenziali.

1. Prima della visione

1. Hai mai tenuto un diario? Che tipo di informazioni hai affidato o affideresti al tuo diario?
2. Cosa fai nel tempo libero? Quali sono alcune attività che trovi divertenti e stimolanti? Quali sono quelle che invece giudichi noiose?
3. Hai mai visitato un'isola o un arcipelago? Descrivi le caratteristiche del luogo e le principali attrattive.
4. Che rapporto hai con i dottori e con la medicina? Ci sono delle malattie di cui hai particolarmente paura?

Vocabolario preliminare

il diario	diary / journal
il quartiere	neighborhood
il pasticciere	pastry chef
la minoranza	minority
la maggioranza	majority
l'attico	penthouse
ristrutturare	to renovate
la panoramica	panning shot
vagare	to wander
la recensione	review
il ritaglio	press clipping
ostile	hostile
perdere tempo	to waste time
collaborare	to collaborate
il rifugio	shelter / refuge
le persiane	blinds
il tramonto	sunset
l'alba	dawn
il nulla	nothingness
il medico	doctor
l'orticaria	hives
il prurito	itch
la ricetta	prescription
sbagliare	to be wrong / to make a mistake
grattare	to scratch
il dermatologo	dermatologist
l'immunologo	immunologist
il rilflessologo	reflexologist
il chirurgo	surgeon
dimagrire	to lose weight

A. L'intruso: indica con un cerchio l'unica parola fra quelle elencate a destra che non ha niente in comune con la parola della colonna a sinistra.

1. ristrutturare   rinnovare, ripulire, riparare, rimandare

2. il medico   la visita, la ricetta, l'ambulatorio, l'attico

3. il quartiere   il ritaglio, la zona residenziale, la periferia, la città

4. ostile   avverso, irregolare, freddo, distaccato

5. collaborare   coadiuvare, cooperare, costringere, aiutare

6. il diario   il quaderno, le riflessioni, le confidenze, la conversazione

7. la panoramica   la scarpata, il regista, la cinepresa, lo zoom

8. sbagliare   fare un errore, equivocare, ingannarsi, calcolare

B. Per ogni frase, scegli la risposta appropriata fra quelle proposte:

1. Quale, tra le seguenti persone, è più probabile che scriva una recensione?
     a. un postino
     b. un giornalista
     c. un impiegato

2. Quale, tra le seguenti espressioni, ha il significato di «dimagrire»?
     a. mettere su peso
     b. perdere peso
     c. aumentare di peso

3. Se una persona ha l'orticaria, da quale medico si farà visitare?
     a. un dermatologo
     b. un cardiologo
     c. uno psichiatra

4. Quando un medico prescrive una medicina, che cosa lascia al paziente?
     a. una ricevuta
     b. una ricetta
     c. una fattura

5. In una casa, dove si trovano le persiane?
>   a. alla porta d'ingresso
>   b. all'esterno delle finestre
>   c. lungo i corridoi

6. Qual è un sinonimo di «vagare»?
>   a. correre a perdifiato
>   b. camminare senza mèta
>   c. camminare con una mappa

2. Durante e dopo la visione

Vero o falso?

Episodio 1

	V	F
1. L'episodio è girato a Roma in autunno.	V	F
2. Il protagonista ha trentacinque anni.	V	F
3. Il quartiere che preferisce si chiama Garbatella.	V	F
4. Spinaceto è un quartiere antichissimo.	V	F
5. L'appartamento che interessa a Silvia e al protagonista costa molto.	V	F

Episodio 2

	V	F
1. Gerardo, l'amico che studia Joyce, vive a Lipari da trent'anni.	V	F
2. Gerardo non guarda la televisione da undici anni.	V	F
3. Gli abitanti di Stromboli sono tutti molto ospitali.	V	F
4. Gli abitanti di Alicudi odiano il narcisismo.	V	F
5. Ad Alicudi nessuno ha la televisione.	V	F

Episodio 3

	V	F
1. Il protagonista soffre di orticaria.	V	F
2. I medici che lo visitano prescrivono tutti le stesse medicine.	V	F
3. Il prurito è causato dallo stress.	V	F
4. I dottori del centro di medicina cinese sono gentili.	V	F
5. Il protagonista viene operato alla testa.	V	F

Completa le frasi con una delle parole della lista seguente:

vago / d'accordo / credo / orrende / nella / bene / positivo /

rimorso / imbruttiti / giuste / violentissime / splendido /

quarantenne / credo / maggioranza

Al cinema (episodio 1)

«Gridavamo cose _____[1], _____[2]

nei nostri cortei. E ora guarda come siamo tutti _____[3].»

(...)

«Io gridavo cose _____[4] e ora sono uno

_____[5] _____[6].»

Al semaforo (episodio 1)

«Anche in una società più decente di questa io mi ritroverò sempre con una

minoranza di persone. (...) Io _____[7] nelle persone,

però non _____[8] _____[9]

_____[10] delle persone. Mi sa che mi ritroverò sempre a

mio agio e _____[11] con una minoranza.»

Dopo aver visto «Henry» (episodio 1)

«Per alcune ore _____[12] per la città cercando di

ricordarmi chi aveva parlato _____[13] di questo film.

Io avevo letto una recensione su un giornale, avevo letto qualcosa di

_____[14] su «Henry». (...) Ecco, penso, chi scrive queste

cose, non è che la sera, magari prima di addormentarsi, ha un momento di

_____[15]?»

Fornisci tu la risposta giusta:

1. Come si intitolano i tre episodi?

2. Che tipo di film sono proiettati a Roma durante l'estate? Quali sono i titoli?

3. Qual è il sogno del protagonista?

4. Qual è il film che ha cambiato la sua vita?

5. Cosa dice Hans Magnus Enzensberger della televisione?

6. Perché a Salina non si può telefonare?

7. Quale è la caratteristica principale delle famiglie di Salina?

8. Chi accoglie i protagonisti a Stromboli?

9. Chi incontrano sulle pendici del vulcano?

10. Quali sono le due cose che il protagonista afferma di avere imparato alla fine del terzo episodio?

3. Dopo la visione

Commenta la colonna sonora:

Nel primo episodio la musica ha grande importanza e alcune canzoni sono interpretate da artisti di fama internazionale come Leonard Cohen, Cheb Kaled e Keith Jarrett.

Analizza il rapporto tra musica e immagini e descrivi le emozioni, gli stati d'animo e le sensazioni che evocano in te i vari brani. Utilizza il vocabolario fornito qui di seguito e abbina le parole alle varie scene. Cerca altre parole che meglio descrivano i tuoi pensieri.

tristezza	la scena iniziale
meditazione	
rilassamento	la Garbatella
paura	
gioia	
allegria	il ponte
fastidio	
ansia	
serenità	il parco con la musica caraibica
spensieratezza	
angoscia	
buonumore	Casalpalocco
malinconia	
soddisfazione	
preoccupazione	il posto dove hanno ammazzato Pasolini
tranquillità	
timore	
...	

Riscrivi il copione:

a. Nel primo episodio il protagonista si ferma a un semaforo e parla con un automobilista che però sembra aver fretta. Immagina che tra i due nasca una discussione sulle minoranze e sulle maggioranze e scrivi le battute del dialogo.

b. Una scena simile alla precedente si ripete nel quartiere di Spinaceto. Qui però la situazione è ribaltata, ad aver fretta è Nanni Moretti. Immagina invece che i due comincino a parlare dei vantaggi e degli svantaggi della vita a Spinaceto e scrivi il dialogo.

c. Il protagonista incontra anche l'attrice americana Jennifer Beals e ha con lei un dialogo un po' surreale. Immagina di incontrare tu un personaggio famoso. Scrivi il dialogo che avresti con lui / lei.

d. I bambini di Salina sono molto difficili. Trova dei suggerimenti da dare ai genitori per avere un rapporto più equilibrato con i figli.

e. Con un problema di salute diverso da quello del protagonista, immagina alcune visite specialistiche e crea i dialoghi con i vari dottori. Usa il Lei!

Internet

a. Usando un motore di ricerca, trova informazioni sui seguenti personaggi e poi confronta i risultati con il resto della classe:

  1. Pier Paolo Pasolini

  2. Ennio Morricone

  3. Vittorio Storaro

b. Alcune battute contenute nei film di Moretti sono ormai diventate proverbiali. Con un motore di ricerca, trova informazioni sui suoi diversi film e cerca alcune di queste frasi ormai celebri. Poi commentale con i compagni e l'insegnante.

Spunti per la discussione orale

1. Ti piace ballare? Quale tipo di musica preferisci ballare?

2. Che rapporto hai con il cinema? Quali film preferisci vedere? Vai al cinema d'estate?

3. E con la televisione che rapporto hai? Quante ore al giorno guardi la televisione?

4. Ti piacciono le telenovele? Quali segui? Hai mai visto *The Bold and the Beautiful?* Racconta la trama di un episodio.

5. Sei mai stato seriamente ammalato? All'ospedale? Operato? Racconta la tua esperienza.

6. Hai fiducia nei dottori e nella medicina moderna?

7. Hai mai sperimentato cure alternative? Quali? Quando? Perché?

Spunti per la scrittura

1. Racconta al tuo diario un episodio particolarmente significativo della tua giornata. Comincia con «Caro Diario...»

2. Descrivi la trama di un film che hai trovato brutto.

3. Mentre è ad Alicudi, Gerardo ha deciso di scrivere una lettera al Papa per difendere le telenovele. Tu, invece, scrivi una lettera al Presidente perché le vieti.

4. Moretti è ancora ammalato, scrivigli una lettera in cui gli mandi i tuoi auguri per una pronta guarigione e mostri di conoscere e apprezzare i suoi film.

Proposte per un saggio o una presentazione a livello avanzato

1. Lo stereotipo dei giovani contestatori americani degli anni '60. Descrivi nei dettagli il loro abbigliamento, le idee che proponevano, la musica che ascoltavano. Quali erano alcuni *slogan* di quegli anni? Quali film americani hanno parlato di questa stessa generazione?

2. Scegli e commenta il testo di una canzone che ha segnato un'epoca o una generazione.

3. Scrivi la recensione per un film che ti è particolarmente piaciuto.

4. Aspetto grammaticale

Gerundio

Stare + gerundio

a. Sostituisci il verbo sottolineato con la costruzione «stare + gerundio». Attenzione ai diversi tempi verbali!

Esempio   «Lei si grattava.»
                 «Lei si stava grattando.»

1. La protagonista aspetta un figlio.

2. «Ma cosa fai?»

3. «Pensavo a questa situazione molto triste.»

4. Lavoro al mio nuovo film.

5. Il tuo amico sbaglia.

6. I medici non mi aiutano.

7. «Che cosa guardavate?»

8. «Cosa farà a quest'ora?»

9. «Dove va il tuo amico?»

10. La sua salute migliora lentamente.

Costruzioni con il gerundio

b. Trasforma le frasi secondo il modello:

Esempio   <u>Mentre torno</u> dal cinema, passo da te.
                 <u>Tornando</u> dal cinema, passo da te.

1. L'hanno incontrata <u>mentre andavano</u> a casa.

2. <u>Mentre lavoro,</u> mi piace ascoltare musica.

3. <u>Mentre si guarda</u> la televisione, ci si rilassa.

4. <u>Quando si sbaglia,</u> si impara.

5. Ha conosciuto sua moglie <u>quando studiava</u> all'estero.

"ONE OF THE YEAR'S TEN BEST FILMS!"

-Janet Maslin, The New York Times
-Bob Mondello, National Public Radio
-Michael Wilmington, Chicago Tribune
-Jonathan Rosenbaum, Chicago Reader
-Graham Fuller, Interview

-Molly Haskell, Film Comment
-Kevin Maynard, Time Out New York
-Jay Carr, Boston Globe
-Stuart Klawans, The Nation
-Larry Worth, New York Post

-Andrew Sarris, New York Observer
-David Denby, New York Magazine
-Godfrey Cheshire, City Sun
-Kevin Lally, Film Journal
-Chris Chang, Film Comment

"BRILLIANT...
STARTLING...SUPERB!"
-Richard Harrington, The Washington Post

Gianni Amelio's

6
Lamerica
di GIANNI AMELIO (1994)

Il regista. Gianni Amelio nasce in provincia di Catanzaro nel 1945 e comincia la sua attività cinematografica negli anni '60 come aiuto regista. Tra i suoi film più apprezzati ricordiamo *Colpire al cuore* (1982), sul terrorismo; *Porte aperte* (1990), basato sull'omonimo romanzo di Leonardo Sciascia e nominato all'Oscar; *Il ladro di bambini* (1992), sulla violenza perpetrata sui minori e premiato a Cannes; *Lamerica* (1994); *Così ridevano* (1998).

La trama. Fiore e Gino, due faccendieri italiani, giungono in Albania nel 1991. La loro missione è quella di impiantare una fabbrica di scarpe fittizia con lo scopo di intascare i contributi del governo italiano per l'aiuto all'Albania. I due si mettono alla ricerca di un prestanome a cui intestare la fabbrica e scelgono un anziano malato di mente, Spiro Tozaj. A questo punto, Fiore torna in Italia mentre il suo giovane socio rimane a Tirana. Quando Spiro Tozaj sparisce, Gino si mette sulle sue tracce e comincia per lui una lunga odissea in terra albanese che si concluderà con il suo rimpatrio tra una folla di clandestini.

Nota culturale: l'Italia e l'Albania. Come testimonia il cinegiornale con cui si apre il film, l'Albania era stata occupata dall'Italia fascista nel 1939. Nel 1943, in seguito all'armistizio dell'8 settembre con gli Alleati, migliaia di soldati italiani che si trovavano in Albania divennero disertori; molti di loro furono persino aiutati dalla popolazione locale. Nel 1945 l'Albania tornò indipendente, ma al potere arrivarono i laburisti di Enver Hoxha che hanno governato il paese per quarant'anni con una dittatura di tipo comunista. *Lamerica* è ambientato in Albania nel 1991, dopo la caduta della dittatura responsabile di aver ridotto il paese alla povertà estrema. Illusi dai programmi trasmessi dalla televisione italiana, ricevuta anche nel loro paese, gli albanesi considerano l'Italia una specie di terra promessa verso cui emigrare per sfuggire alla miseria.

1. Prima della visione

1. Che cosa sai dell'emigrazione verso l'America tra fine '800 e inizio '900?
2. Da quali paesi provenivano gli emigranti? Dove andavano a vivere e in quali condizioni?
3. Dove si trova l'Albania? Che cosa ha a che fare l'Albania con l'Italia? Che cosa ha a che fare con l'America?
4. Secondo te, perché si emigra? Cosa spinge a abbandonare il proprio paese, la propria famiglia, la propria cultura? Cosa sognano gli emigranti?

Vocabolario preliminare

il ministero	ministry
il ministro	minister
il funzionario	public official / civil servant
la burocrazia	bureaucracy
burocratico	bureaucratic
il reddito mensile	monthly income
l'imprenditore	contractor
investire	to invest
gli investimenti	investments
la manodopera locale	local labor
la società di calzature	shoe factory
arrangiarsi	to do what one needs to survive / to manage
il dittatore	dictator
la prigione / il carcere / la galera	prison
la fucilazione	execution by a firing squad
essere fucilato	to be shot
denunciare	to report to the police
sequestrare	to confiscate
il congedo	discharge
il camion	truck
il profugo	fugitive
essere accusato di corruzione	to be accused of corruption
il processo	trial
il prestanome	frontman
straccioni / disgraziati / pezzenti	beggars
il compare	friend / acquaintance in Sicilian dialect
rimbambito	senile
imbarcarsi su una nave	to embark on a boat

A. Ricava la parola mancante facendo riferimento alla definizione tra parentesi e al vocabolario tematico:

1. In quel paese c'è un regime totalitario e al potere c'è un
   _____.
   (persona che da sola controlla il governo di una nazione)

2. Giuseppe aveva comprato una pistola antica in Perù, ma alla dogana
   italiana la polizia gliel'ha dovuta _____.
   (portare via, confiscare)

3. Il _____ si era imbarcato su una nave clandestina-
   mente.
   (persona che fugge dal proprio paese in caso di guerra)

4. Agli angoli di alcune piazze cittadine ci sono _____
   che chiedono l'elemosina.
   (persone povere e vestite miseramente)

5. Giorgio non ha voluto _____ il ladro che aveva
   rubato il suo orologio.
   (riportare ufficialmente alla polizia)

6. Molti disoccupati vivono alla giornata e devono _____.
   (cercare di risolvere i problemi alla meglio)

7. Dopo il _____, l'accusato era finito in galera.
   (operazione giuridica per verificare la colpevolezza o l'innocenza di un
   imputato)

B. Riempi gli spazi con le parole appropriate del vocabolario pre-liminare:

1. Nonostante il sistema _____[1] possa essere di ostacolo,

gli industriali di un paese avanzato trovano spesso assai conveniente

_____[2] i propri capitali per impiantare un'azienda o una

società in un paese più povero. L'industriale o _____[3]

è appunto la persona che, con i mezzi finanziari a sua disposizione,

costruisce tale azienda. Gli operai che lavorano in un'azienda straniera

nel loro paese forniscono quella che si chiama _____[4].

Di solito questi operai guadagnano meno dei loro colleghi stranieri e il loro

_____[5] è piuttosto basso. Non è impossibile che, per

eliminare qualunque collegamento con il proprietario reale, l'azienda

risulti talvolta intestata a un proprietario fittizio anche detto

_____[6].

Espressioni idiomatiche

Per ognuna delle espressioni seguenti tratte dal film, fai una traduzione let-terale, quindi spiega il significato e fornisci un valido equivalente in inglese:

1. rimboccarsi le maniche

2. darsi da fare

3. una mano lava l'altra

4. farla pagare

5. levare le mani di dosso

6. essere a spasso

7. calma, ragazzi

8. è tutto in regola

9. fare i furbi

10. essere un morto di fame

2. Durante e dopo la visione

Vero o falso?

1. Il reddito mensile di un albanese è estremamente basso.	V	F
2. La polizia non cerca di impedire agli albanesi di fuggire.	V	F
3. Il dittatore aveva comprato seicentomila bunker dalla Russia.	V	F
4. Appena arrivato all'albergo, Fiore si fa una doccia.	V	F
5. Nella prigione c'è il rischio di un'epidemia.	V	F
6. Spiro firma dei documenti di fronte al dottor Cruja.	V	F
7. Grazie ai suoi soldi, Gino ottiene l'aiuto della polizia per cercare Spiro.	V	F
8. Il vero nome di Spiro Tozaj è Michele Talarico.	V	F
9. Sotto il regime comunista gli albanesi potevano guardare la televisione italiana.	V	F
10. Gli albanesi non vogliono lavorare in Italia.	V	F
11. Un giovane albanese muore sul camion.	V	F
12. Gino viene arrestato per corruzione.	V	F

Completa con la risposta giusta: a, b, oppure c?

1. Fiore chiede alla prima donna se è sposata perché _____.
     a. un marito e dei figli non le permettono di lavorare bene
     b. le donne sposate non possono lavorare in Albania
     c. ha paura che qualcuno possa ereditare la fabbrica

2. Fiore dice agli operai della fabbrica: «Il comunismo vi ha detto che siamo tutti uguali e io vi dico di no. Siamo tutti diversi, diversi come _____.»
     a. le dita della mano
     b. le parti del corpo umano
     c. le parti di una macchina

3. Gino chiede a un poliziotto di custodirgli la macchina, ma quando ritorna la macchina _____.
     a. è sparita
     b. ha le gomme a terra
     c. non ha più le ruote

4. Un albanese che parla con Gino gli dice che vuole andare in Italia e farsi cristiano per _____.
     a. trovare un lavoro
     b. sposare una ragazza italiana
     c. vedere il Papa

5. Michele Talarico rivela a Gino di essere andato in Albania _____.
     a. perché era fascista
     b. perché era un disertore
     c. per combattere il comunismo

6. Il poliziotto che interroga Gino per aver corrotto il funzionario Cruja spiega che ai tempi del comunismo _____.
     a. Gino avrebbe passato tutta la vita in galera
     b. Gino sarebbe stato torturato
     c. Gino sarebbe stato fucilato

Basandoti sul film, completa le frasi seguenti:

1. Spiro Tozaj all'inizio si rifiuta di parlare con Fiore e Gino perché...

2. La dottoressa dell'ospedale dove è ricoverato Spiro dopo l'asfissia spiega che...

3. Dopo la telefonata con Fiore, Gino...

4. Dopo avere brutalmente detto a Michele che è un vecchio rimbambito, Gino lo consola e gli dice che...

5. Il poliziotto che interroga Gino gli fa firmare la confessione e poi lo lascia libero, ma non gli restituisce il passaporto dicendo...

6. Nella scena finale Michele Talarico fa sedere Gino vicino a sé e gli dice...

7. La nave carica di profughi sta andando in Italia, ma Michele pensa di essere in viaggio per l'America perché...

3. Dopo la visione

Gli albanesi vedono l'Italia come un paradiso terrestre. Elenca le cose che vengono dette sull'Italia durante il film:

Per esempio: c'è l'acqua corrente, c'è l'elettricità...

Internet

Usando un motore di ricerca, trova informazioni sui seguenti personaggi del mondo dello spettacolo italiano menzionati nel film:

> a. Pippo Baudo
>
> b. Adriano Celentano
>
> c. Albano e Romina

Spunti per la discussione orale

1. Come si comportano all'inizio Fiore e Gino con gli albanesi? Fai degli esempi.

2. Descrivi la visita all'ospizio: cosa suggeriscono le immagini?

3. «Gli albanesi sono come bambini; un italiano gli dice: 'il mare è fatto di vino' e loro se lo bevono». Commenta questa frase. Chi la pronuncia e quando?

4. Descrivi Spiro Tozaj: chi è, quanti anni ha, come è arrivato in Albania, chi ha lasciato in Italia quando è partito...?

5. Descrivi Gino: quali sono gli oggetti principali che fanno sì che tutti lo riconoscano come italiano? Cosa succede quando li perde uno dopo l'altro?

6. Commenta questo discorso di un giovane albanese: «Una ragazza italiana può sposare un ragazzo albanese o è proibito? Mi voglio sposare con una ragazza di Bari e fare molti figli. Non voglio mai parlare albanese coi figli miei. Voglio parlare solo la lingua italiana e così i figli si scordano che io sono albanese».

7. Spiro / Michele viene colto spesso nel gesto di spezzare il pane: cosa significa?

8. La ricchezza e la povertà: spiega questi due concetti chiave del film e quali immagini li rappresentano.

9. Commenta questa frase: «L'economia albanese è morta, ma in un paese civile i morti non si lasciano ai cani per strada». Chi pronuncia questa frase e cosa significa?

10. Descrivi il finale del film. Cosa vuole comunicare allo spettatore?

Spunti per la scrittura

1. Le scarpe costituiscono un filo rosso nel film. Elenca gli episodi in cui compaiono e spiega il loro significato nei singoli contesti e nell'intero film.

2. Attraverso le esperienze di Gino e Spiro, spiega come il concetto di identità nazionale cambia di significato.

3. Descrivi il rapporto che si instaura tra Gino e Michele. Come si evolve?

4. Immagina di essere Gino e di scrivere il tuo libro di memorie una volta tornato in Italia: quali esperienze ti hanno cambiato, cosa ti ha fatto capire quali sono le cose essenziali e quelle superficiali della vita?

5. Quali azioni, atteggiamenti o quali parole degli albanesi ti hanno colpito di più? Fai alcuni esempi, spiegali e commentali.

6. Come sono rappresentati gli italiani nel film?

Proposte per un saggio o una presentazione a livello avanzato

1. L'emigrazione italiana in America.

2. L'invasione italiana dell'Albania sotto il Fascismo.

3. L'Italia come mèta di emigranti dall'Albania, dall'Est europeo, dall'Africa, ecc...

4. Enver Hoxha e il regime comunista in Albania.

4. Aspetto grammaticale

Sgrammaticato / corretto

a. Riscrivi ogni frase correggendo gli errori come nell'esempio:

Esempio   <u>I</u> stranieri possono uscire.
                   Gli stranieri possono uscire.

1. Lui è subito pronto <u>di</u> firmare i documenti.

2. I poliziotti fanno di tutto <u>a</u> bloccare i profughi.

3. Abbiamo <u>una</u> problema con la burocrazia.

4. Se uno vuole <u>escere,</u> esce.

5. Mi <u>piace</u> i programmi televisivi italiani.

6. Prima della guerra molti italiani <u>faceva</u> documenti falsi.

7. Tu non <u>aveva</u> le scarpe.

8. Quando vado <u>a</u> Italia voglio diventare cristiano.

9. La burocrazia italiana è <u>più meglio</u> di quella albanese.

10. Noi stavamo meglio prima <u>di</u> guerra.

b. Ad ogni frase aggiungi gli elementi mancanti seguendo il modello:

Esempio _____ Albania non era _____ paese libero.
L'Albania non era un paese libero.

1. Lui _____ paura _____ polizia militare.

2. Loro _____ eroi perché _____ lottato contro la dittatura.

3. Spiro _____ regalato _____ me la giacca.

4. _____ Dottor Cruja _____ molto simpatico.

5. Voi _____ comprato una villa vicino _____ mare.

An Extraordinary Film.

An Extraordinary Honor.

THE **POSTMAN** (IL **POSTINO**)

Miramax Films

Proudly Congratulates

The Postman (Il Postino)

On Receiving

The Prestigious

1996 Time For Peace Award.

7

Il postino

di MICHAEL RADFORD (1994)

SCHEDA TECNICA

Regia: Michael Radford (in collaborazione con Massimo Troisi)
Soggetto: Furio Scarpelli e Giacomo Scarpelli
Sceneggiatura: Anna Pavignano, Michael Radford, Furio Scarpelli,
  Giacomo Scarpelli e Massimo Troisi
Costumi: Gianna Gissi
Scenografia: Lorenzo Baraldi
Musiche: Luis Enrique Bacalov
Montaggio: Roberto Perpignani
Fonico di presa diretta: Massimo Loffredi
Direttore di produzione: Vincenzo Testa
Direttore della fotografia: Franco di Giacomo
Produttore esecutivo: Alberto Passone
Produttori: Mario e Vittorio Cecchi Gori e Gaetano Daniele
Attori principali: Massimo Troisi (Mario Ruoppolo)
             Philippe Noiret (Pablo Neruda)
             Maria Grazia Cucinotta (Beatrice Russo)
             Renato Scarpa (Giorgio)
             Linda Moretti (Donna Rosa)
             Anna Buonaiuto (Matilde)
             Mariano Rigillo (Di Cosimo)

Il protagonista. Massimo Troisi nasce vicino a Napoli nel 1953. Comincia a scrivere soggetti teatrali e a recitare giovanissimo. Assieme a due amici forma il trio comico La Smorfia che recita a teatro e per la televisione dal 1969 al 1980, anno in cui il gruppo si scioglie. Troisi passa allora a lavorare in proprio scrivendo, dirigendo e interpretando il suo primo film *Ricomincio da tre* nel 1981. A questo fanno seguito nel 1983 *Scusate il ritardo* e nel 1984 *Non ci resta che piangere,* a fianco di Roberto Benigni. Nel 1987 è la volta di *Le vie del Signore sono finite.* Negli anni successivi Troisi interpreta tre film diretti da Ettore Scola e nel 1991 torna ad essere autore e regista girando *Pensavo che fosse amore . . . e invece era un calesse.* Nel 1994 Troisi interpreta *Il postino,* diretto insieme a Michael Radford, ma muore di problemi cardiaci ventiquattro ore dopo avere finito di girare il film.

La trama. Nell'estate del 1952, Mario Ruoppolo, un giovane disoccupato, diventa postino ausiliario provvisorio in un'isola del golfo di Napoli per consegnare la corrispondenza al poeta Pablo Neruda, esiliato politico illustre. Tra i due nasce una profonda amicizia che insegna a Mario il valore della poesia e l'importanza dell'impegno politico e che lo aiuta anche a corteggiare e sposare la donna più bella del paese.

Nota culturale: l'origine del film. Il film si ispira al romanzo *Ardente paciencia* dello scrittore cileno Antonio Skarmeta, libro tradotto in italiano con il titolo *Il postino di Neruda.* A differenza del libro, la storia raccontata dal film si svolge nel 1952 su un'isola del golfo di Napoli che assomiglia a Capri dove il poeta cileno Pablo Neruda (1904–1973) realmente visse per un certo periodo durante il suo esilio. Neruda vinse il premio Nobel per la letteratura nel 1971.

1. Prima della visione

1. Ti piace ricevere posta? Ne ricevi molta o poca? Che tipo di corrispondenza trovi nella tua buca delle lettere?
2. Usi la posta elettronica? Quali sono i vantaggi della posta elettronica rispetto alla posta tradizionale?
3. Conosci il tuo postino? Che persona è?
4. Quali credi che siano gli aspetti positivi e quelli negativi nel mestiere di un postino?

Vocabolario preliminare

la cartolina	postcard
il postino ausiliario provvisorio	temporary assistant postman
la mancia	tip
il destinatario	addressee
il mittente	sender
la corrispondenza	correspondence
il pescatore	fisherman
il comunista	communist
l'esilio	exile
la pensilina	platform roof

il facinoroso	agitator
l'arcano	mystery
essere una testa calda	to be a hothead
il disturbatore	disturber
anima grande e generosa	great and generous spirit
andare pazzi	to go crazy
il poeta	poet
la poesia	poem
nudo	naked
la metafora	metaphor
la similitudine	simile

A. Collega ogni nome della colonna a sinistra con la rispettiva definizione della colonna a destra:

1. Il mittente   scrive metafore e similitudini.

2. Il postino   compie azioni di violenza.

3. Il destinatario   procura molestia alle persone.

4. Il pescatore   non crede nella proprietà privata.

5. Il facinoroso   distribuisce la corrispondenza.

6. Il poeta   getta le reti in mare.

7. Il comunista   riceve una lettera o un pacco.

8. Il disturbatore   spedisce una lettera o un pacco.

B. Per ogni frase, scegli l'alternativa appropriata fra quelle proposte:

1. La similitudine e _____ sono due figure retoriche usate in poesia.

     a. la metamorfosi
     b. la metafora
     c. la mitologia

2. Si dice che una persona dal temperamento ribelle sia _____ .

     a. un'anima grande e generosa
     b. un cuore sensibile
     c. una testa calda

3. Si definisce _____ un corpo senza vestiti.
> a. nudo
> b. abbigliato
> c. adornato

4. Alla stazione, la struttura sporgente che protegge dalla pioggia si chiama _____.
> a. la pensilina
> b. il marciapiede
> c. la galleria

5. Una persona che è stata allontanata dalla propria patria per motivi politici è _____.
> a. in castigo
> b. in punizione
> c. in esilio

6. _____ è un sinonimo della parola «arcano».
> a. «leggenda»
> b. «segreto»
> c. «mistero»

7. L'espressione «andare pazzi» per qualcosa o qualcuno significa _____.
> a. «avere una passione»
> b. «avere un'antipatia»
> c. «avere un'inclinazione»

2. Durante e dopo la visione

Vero o falso?

1. Mario è figlio di un pescatore.	V	F
2. Mario inizia il lavoro alle 8:45 del mercoledì.	V	F
3. La moglie di Neruda si chiama Matilde.	V	F
4. Giorgio, il capo telegrafista dell'ufficio postale, è comunista.	V	F
5. Sull'isola, l'acqua è portata con una nave una volta al mese.	V	F
6. Mario vuole fare il poeta per piacere alle donne.	V	F
7. Donna Rosa sa leggere e scrivere.	V	F
8. Neruda fa da testimone al matrimonio di Mario.	V	F
9. I comunisti non partecipano alla processione religiosa.	V	F
10. Neruda ritorna sull'isola alcuni mesi dopo averla lasciata.	V	F

Completa con la risposta giusta: a, b, oppure c?

1. Per ottenere la dedica sul libro di poesie, Mario chiede a
Neruda: _____
    a. «Scusi un attimo, me lo può firmare?»
    b. «Per piacere, me lo può firmare?»
    c. «Me lo rende unico, Maestro?»

2. Neruda firma il libro e scrive: _____.
    a. «Al mio amico Mario Ruoppolo»
    b. «Cordialmente»
    c. «Per Mario e Beatrice»

3. Il premio Nobel all'epoca è di _____.
    a. 131.135 Corone svedesi
    b. 13.135 Corone svedesi
    c. 171.135 Corone svedesi

4. «La poesia non mente» è una frase detta da _____.
    a. Donna Rosa
    b. Pablo Neruda
    c. Mario

5. Durante la propaganda elettorale, Di Cosimo promette _____.
    a. di fare arrivare l'acqua potabile
    b. di dare lavoro a tutti
    c. di aiutare i pescatori

6. La lettera della segretaria di Neruda contiene _____.
    a. dei saluti per Mario
    b. la lista degli oggetti da spedire in Cile
    c. la notizia del ritorno del poeta

7. Per spiegare cos'è una metafora, Neruda dice che _____.
    a. il mare ruggisce
    b. le stelle sussurrano
    c. il cielo piange

8. Il figlio di Mario si chiama _____.
>   a. Antonio
>   b. Ciro
>   c. Pablito

9. La poesia di Mario si intitola _____.
>   a. *Canto per Pablo Neruda*
>   b. *Ode a Beatrice*
>   c. *Elegia dei pescatori*

10. Alla fine del film Beatrice _____.
>   a. continua a lavorare all'osteria
>   b. va a vivere a Napoli
>   c. lavora all'ufficio postale

Fornisci tu la risposta giusta:

1. Che cosa ha in mano Neruda quando Mario gli chiede una dedica sul libro? Come si pulisce le mani?

>   a. _____

>   b. _____

2. Chi dice: «Il mondo intero è la metafora di qualcosa»? Quando?

>   a. _____

>   b. _____

3. Chi dice: «In Russia i comunisti si mangiano i bambini»? Perché?

>   a. _____

>   b. _____

4. Quali paesi visita Neruda dopo la sua partenza dall'isola?

a. _____

b. _____

5. Durante quale occasione muore Mario? In che modo?

a. _____

b. _____

3. Dopo la visione

Fai una lista delle cose che Mario registra per Neruda con il magnetofono:

1. _____

2. _____

3. _____

4. _____

5. _____

6. _____

7. _____

8. _____

Adesso fai una lista di almeno cinque cose belle della tua zona che tu vorresti registrare (o filmare) per un amico o un'amica che non le conoscono o che non le ricordano.

1.

2.

3.

4.

5.

Quale storia c'è dietro? Confronta la tua con quella dei tuoi compagni.

Inventa una metafora e una similitudine, poi confrontale con il resto della classe.

Metafora:

_____

_____

Similitudine:

_____

_____

Internet

Usando un motore di ricerca italiano:

a. Trova altre informazioni su Massimo Troisi e in particolare qualche ricordo dell'attore fatto da colleghi o amici. Confronta i risultati con i tuoi compagni.

b. Trova informazioni sulle isole del Golfo di Napoli e sulle risorse economiche della zona. Descrivi, quindi, se e come la realtà sembra cambiata da quella presentata nel film.

Spunti per la discussione orale

1. Che rapporto hai con la poesia? Hai una poesia preferita? Quale? Chi è l'autore? La potresti tradurre in italiano?

2. Mario dice che la poesia non è di chi la scrive ma di chi ne ha bisogno. Tu cosa ne pensi?

3. Quali sono secondo te i temi per cui è più efficace usare la poesia invece della prosa?

4. Descrivi Donna Rosa e il suo rapporto con la nipote Beatrice.

5. Riassumi l'ultima scena del film.

Spunti per la scrittura

1. La poesia è utile per avere successo in amore.

2. Mario vuole sapere come si diventa poeti e Neruda risponde: «Prova a camminare lentamente lungo la riva fino alla baia guardando intorno a te». Commenta questa affermazione.

3. Prova a scrivere una breve poesia d'amore in italiano.

4. Immagina di essere Mario e scrivi una lettera a Pablo Neruda.

5. Scrivi un ricordo di un amico, un conoscente o una persona cara che non è più in vita.

Proposte per un saggio o una presentazione a livello avanzato

1. Il Sud: le sue bellezze e i suoi problemi.

2. Mafia e politica: rapporti sospetti nella storia recente dell'Italia meridionale.

3. Le dimostrazioni operaie e studentesche degli anni '60 e '70.

4. La poesia di Neruda.

4. Aspetto grammaticale

I pronomi doppi

a. Sostituisci le parti sottolineate con il pronome doppio necessario:

Esempio   «Maestro, <u>mi</u> rende unico <u>il libro</u>?»
                 «Maestro, <u>me lo</u> rende unico?»

    1. Se <u>mi</u> danno <u>il premio,</u> accetto.

    2. Perché non <u>mi</u> firma <u>queste copie</u>?

    3. <u>Mi</u> apri <u>la lettera</u>?

    4. Non <u>ci</u> danno <u>l'acqua</u>.

    5. <u>Gli</u> spediscono <u>le sue cose</u>.

    6. Non <u>ti</u> deve toccare <u>le mani</u>!

    7. <u>Gli</u> manda <u>la registrazione</u>.

    8. <u>Vi</u> portano <u>il vino</u>.

    9. <u>Si</u> pettina <u>i capelli</u>.

    10. <u>Le</u> dedica <u>la poesia</u>.

b. Drills:

<u>Andarsene</u>   <u>(to leave)</u>   (come <u>Andare</u>)

(Io)   <u>me ne</u> vado dall'isola.   vado

(Lui)   _____   va

(Noi)   _____   andiamo

(Loro)   _____   vanno

<u>Fregarsene</u>   <u>(not to care)</u>   (come <u>Fregare</u>)

(Tu)   <u>te ne</u> freghi di tutti.   freghi

(Noi)   _____   freghiamo

(Io)   _____   frego

(Lei)   _____   frega

<u>Prendersela</u>   <u>(to get angry)</u>   <u>(come   Prendere)</u>

(Lei)   <u>se la</u> prende troppo.   prende

(Voi)   _____   prendete

(Loro)   _____   prendono

(Tu)   _____   prendi

<u>Cavarsela</u>   <u>(to manage)</u>   <u>(come   Cavare)</u>

(Lui)   <u>se la</u> cava in ogni situazione.   cava

(Io)   _____   cavo

(Voi)   _____   cavate

(Noi)   _____   caviamo

8

La vita è bella

di ROBERTO BENIGNI (1997)

SCHEDA TECNICA

Regia: Roberto Benigni
Soggetto e sceneggiatura: Roberto Benigni e Vincenzo Cerami
Costumi, scenografia e arredamento: Danilo Donati
Montaggio: Simona Paggi
Musiche: Nicola Piovani
Fonico di presa diretta: Tullio Morganti
Direttore della fotografia: Tonino Delli Colli
Direttore di produzione: Attilio Viti e Tullio Lullo
Produttore esecutivo: Mario Cotone
Produttori: Elda Ferri e Gianluigi Braschi
Personaggi e interpreti: Guido (Roberto Benigni)
                      Dora (Nicoletta Braschi)
                      Zio (Giustino Durano)
                      Giosuè (Giorgio Cantarini)
                      Dottor Lessing (Horst Buchholz)
                      Ferruccio (Sergio Bustric)

La trama. Benigni ha dichiarato che questo è «un film fantastico, una favola dove non c'è niente di reale, di neorealista, di realismo». La prima parte del film narra la storia d'amore tra Guido e Dora e le vicissitudini che li accompagnano fino al matrimonio sullo sfondo dell'Italia fascista. La seconda parte è invece ambientata nel campo di sterminio di Auschwitz e racconta degli sforzi che Guido compie per nascondere al figlioletto Giosuè gli orrori della prigionia fingendo che le regole della vita del *lager* siano quelle di un gioco.

Nota culturale: gli ebrei in Italia. Il 14 luglio del 1938 Mussolini fa pubblicare il «Manifesto della razza» in cui si afferma che gli italiani sono di pura razza ariana e che questa esclude gli ebrei. Il 2 settembre dello stesso anno, un decreto legge preclude a insegnanti e studenti ebrei l'accesso alle scuole, mentre il 17 novembre un decreto del re vieta i matrimoni misti e rende illegale la proprietà di beni e di imprese di lavoro agli ebrei. Tra il 1943 e il 1945, dopo l'armistizio e durante l'occupazione tedesca, si consuma il periodo più tragico per gli ebrei italiani: su una comunità ridotta a circa 30.000 persone (erano oltre 50.000 negli anni '20), circa 8.500 sono deportate nei campi di concentramento. Ben 7.500 non faranno più ritorno.

1. Prima della visione

1. Che cos'è l'Olocausto? Quali film o libri conosci che affrontano l'argomento?
2. Secondo te, com'è possibile affermare che «la vita è bella» trattando dell'esperienza dei prigionieri in un campo di concentramento?
3. Conosci recenti episodi di discriminazione o di odio razziale? Chi erano le vittime, chi gli aguzzini?
4. Esistono forme di razzismo oggi nel tuo paese? Cosa fai per combatterle?

Vocabolario preliminare

la vespa	wasp
il pungiglione	sting
i freni	brakes
le uova	eggs
il singhiozzo	hiccup
lo struzzo	ostrich
il cavallo	horse
il carro armato	tank
la principessa	princess
l'indovinello	riddle
il cameriere	waiter
l'ispettore scolastico	school inspector
il caposezione comunale	town hall head clerk
la premiazione	award ceremony
il premio	prize
le regole del gioco	game rules
l'incudine	anvil
i concorrenti	competitors
ebreo	Jewish
etiope	Ethiopian

cascarci	to fall for something
fare l'occhiolino	to wink
schiantare dal ridere	to crack up (with laughter) / to burst out laughing
prenotare	to make a reservation
vincere	to win
squalificare	to disqualify

A. Collega ogni frase della colonna di sinistra con la sua logica continuazione nella colonna di destra:

1. La vespa è un insetto	con i cingoli.
2. L'ispettore scolastico è la persona che	prenota il posto.
3. L'incudine è uno strumento di metallo	munito di pungiglione.
4. L'indovinello è un quesito presentato	con zampe nude e un lungo collo.
5. Lo struzzo è un grosso uccello	con parole ambigue.
6. Si fa l'occhiolino per mandare	un segnale di intesa.
7. Il carro armato è un mezzo militare	usato dai fabbri.
8. Prima di partire per un viaggio in treno si	controlla l'operato degli insegnanti.

B. Riempi gli spazi con le parole appropriate del vocabolario preliminare:

Quando si partecipa ad un gioco collettivo, prima di tutto bisogna imparare

a conoscere bene _____[1]. Tutte le persone che prendono

parte al gioco sono chiamate _____[2]. Se un giocatore viola le

regole del gioco lo si può _____[3]. Per arrivare alla fine del

gioco e _____[4], bisogna essere furbi ma anche un po' fortu-

nati. Alla fine del gioco, i vincitori ottengono un bel _____[5]

durante una cerimonia anche detta _____[6].

2. Durante e dopo la visione

Vero o falso?

1. Guido appare a Dora sempre all'improvviso.	V	F
2. Lo zio di Guido abita in albergo.	V	F
3. Guido vuole aprire una libreria.	V	F
4. Il caposezione comunale è molto gentile con Guido.	V	F
5. La macchina di Ferruccio è uguale a quella del caposezione comunale.	V	F
6. Dora è la direttrice della scuola.	V	F
7. Dora è innamorata del fidanzato.	V	F
8. A Giosuè piace fare il bagno.	V	F
9. Dora è obbligata a salire sul treno per il *lager*.	V	F
10. Guido non capisce il tedesco.	V	F

Completa con la risposta giusta: a, b, oppure c?

1. Quando incontra Eleonora, Guido le dice che in campagna vuole mettere_____.
    a. struzzi e cammelli
    b. cavalli e mucche
    b. vespe e piccioni

2. Durante l'ispezione scolastica, Guido chiede a Dora:_____.
    a. «Ci vediamo all'uscita?»
    b. «Cosa fa domenica?»
    c. «Ha impegni stasera?»

3. Guido, durante la visita alla scuola, parla di _____.
    a. naso e piede
    b. occhio e mano
    c. orecchio e ombelico

4. Quando Dora si innervosisce, le viene_____.
    a. il singhiozzo
    b. il prurito
    c. la nausea

5. Durante la festa etiope, Guido, distratto da Dora, porta sul
   vassoio_____.
       a. un cane
       b. un gatto
       c. un pappagallo

6. Il giocattolo preferito di Giosuè è_____.
       a. il trenino
       b. il carro armato
       c. la macchinina

7. Il giorno in cui Guido, Giosuè e lo zio sono deportati è_____.
       a. il compleanno della nonna
       b. il compleanno di Dora
       c. il compleanno di Giosuè

8. Nel *lager,* la cosa che il Dottor Lessing deve comunicare a
   Guido è _____.
       a. che vuole aiutare Guido, Dora e Giosuè a scappare
       b. che la moglie di Guido è scomparsa dal *lager*
       c. che ha bisogno dell'aiuto di Guido per risolvere un indovinello

9. Per fare il segnale di intesa a Giosuè, Guido_____.
       a. alza il pollice
       b. fa l'occhiolino
       c. batte le mani

10. Alla fine Giosuè dice alla mamma che il gioco era stato_____.
       a. da annoiarsi a morte
       b. da strapparsi i capelli
       c. da schiantare dal ridere

La prima parte del film

Riordina cronologicamente gli incidenti della prima sequenza del film con un numero da 1 a 10:

_____ Guido prende sei uova.

_____ La gente saluta festosa la macchina in arrivo.

_____ I freni si rompono.

_____ Dora cade dalla piccionaia.

_____ Guido e Ferruccio guidano in campagna.

_____ Guido e Ferruccio aggiustano i freni.

_____ Il re non può entrare in città.

_____ Guido cura la puntura di vespa.

_____ Guido si lava le mani.

_____ La macchina sfreccia veloce in mezzo alla folla.

La cena dell'ispettore scolastico:

a. Che cosa propone Guido per la cena del cliente arrivato tardi? Fai un cerchio attorno a ogni piatto proposto.

Primo piatto: minestra di verdura, agnolotti al sugo, tagliatelle alla panna, penne burro e salvia, rigatoni al pomodoro, pizza, polenta, tortellini, pasta e fagioli.

Secondo piatto: braciola ai ferri, bistecca, agnello, arrosto di vitello, braciola di maiale, rognone, pesce spada, fegato, coniglio alla cacciatora, rombo, baccalà al Grand Marnier, salmone, pollo allo spiedo.

Contorno: carote al burro, funghi fritti, piselli in umido, spinaci bolliti, zucchini impanati, insalata, fagiolini lessi, patate al burro di Nancy, patatine fritte, pomodori.

Da bere: un bicchiere di vino bianco, una birra, una bottiglia di vino rosso, una bottiglia d'acqua minerale, una spremuta d'arancia, un bicchiere d'acqua naturale.

b. Che cosa ordina l'ispettore?

Primo piatto:

Secondo piatto:

Contorno:

Da bere:

Elenca tre occasioni in cui Guido sorprende Dora:

a. _____

_____

b. _____

_____

c. _____

_____

La seconda parte del film

Fornisci tu la risposta giusta:

a. Quanti punti bisogna fare per vincere?

_____

b. Qual è il premio per il vincitore?

_____

c. Quali sono i tre casi in cui si perdono i punti?

    1. _____

    _____

    2. _____

    _____

    3. _____

    _____

d. Cosa vincono Guido e Giosuè ai primi 60 punti?

_____

e. Cosa succede a 687 punti?

_____

f. Perché Giosuè deve fare «il gioco dello zitto»?

_____

g. Cosa succede a 940 punti?

_____

h. Perché alla fine Giosuè è davvero convinto di avere vinto il gioco?

_____

3. Dopo la visione

Descrivi:

a. Una scena comica

b. Una scena romantica

c. Una scena tragica

Scegli <u>due</u> dei seguenti personaggi secondari, descrivili e spiega il loro ruolo nelle scene in cui compaiono:

a. La madre di Dora

b. Ferruccio, il poeta amico di Guido

c. Lo zio di Guido

d. Il fidanzato di Dora

Internet

a. Prima di affermarsi presso il grande pubblico come attore e regista, Roberto Benigni era un comico famoso per la sua pungente satira politica. Usando un motore di ricerca italiano, trova informazioni su questa prima fase della sua carriera.

b. Cerca informazioni su Vincenzo Cerami e sulla sua opera indipendentemente dalla collaborazione con Benigni.

c. Cerca informazioni sulla vita e le opere di Jacques Offenbach.

Spunti per la discussione orale

1. Quali sono i giochi a cui ti piaceva giocare da bambino? E adesso?

2. Quali sono le differenze tra la prima e la seconda parte del film? Commenta facendo riferimento a categorie come lo spazio, il tempo, il comico e il tragico.

3. Nel film sono presentati degli indovinelli come ad esempio il seguente «se fai il mio nome non ci sono più», soluzione: «il silenzio». Inventa un indovinello da presentare alla classe.

4. Quali sono i riferimenti storici al fascismo e alla sua cultura / propaganda che appaiono nel film? Con quale scopo sono utilizzati?

Spunti per la scrittura

1. Descrivi il tuo gioco preferito: qual è lo scopo finale, quali sono le regole, ecc.

2. «Con la volontà si può fare tutto»: commenta questa massima.

3. Ti sembra legittimo fare un film comico trattando dell'Olocausto? Perché?

4. Confronta *La vita è bella* con *Schindler's list* o altri film che parlano dell'Olocausto.

Proposte per un saggio o una presentazione a livello avanzato

1. Una breve storia dell'Olocausto.

2. Primo Levi e la testimonianza del *lager* nelle pagine di *Se questo è un uomo*.

3. Intellettuali italiani e antifascismo: i casi di Natalia Ginzburg e Vittorio Foa.

4. Il «Manifesto della razza» e l'antisemitismo nell'Italia fascista.

96 *La vita è bella*

4. Aspetto grammaticale

L'imperativo

a. Metti all'imperativo i verbi seguenti:

Esempio   mangiare   (tu) mangia!   (noi) mangiamo!   (voi) mangiate!

dormire

andare

scusare

fare

venire

giocare

b. Metti le frasi seguenti all'imperativo negativo:

Esempio   Frena!
                Non frenare!

1. Fai attenzione!_____

2. Gira a destra! _____

3. Fate largo! _____

4. Andiamo! _____

5. Scriva! _____

6. Faccia reclamo! _____

7. Torni a casa! _____

8. Lascia perdere! _____

9. Dormiamo qui! _____

10. Stai zitto! _____

c. Trasforma le frasi seguenti dal registro formale a quello informale:

Esempio   Si stenda, Principessa!
                 Stenditi, Principessa!

1. Attenda! _____

2. Si rivolga al sostituto! _____

3. Non si preoccupi! _____

4. Scelga quello che vuole! _____

5. Venga, signor Ispettore! _____

6. Corra, altrimenti si bagna! _____

7. Vada dal Comandante! _____

8. Chieda istruzioni agli altri! _____

9. Traduca in italiano! _____

d. Alla forma dell'imperativo aggiungi i pronomi doppi:

Esempio   Porta <u>la torta etiope agli invitati</u>!
                 Portala loro!   (Portagliela!)

1. Da' <u>la chiave a me</u>! _____

2. Trovate <u>a me un orecchio migliore</u>! _____

3. Scordate <u>la merendina per voi</u>! _____

4. Metti <u>la camicia a te</u>! _____

5. Ripeti <u>questo a me</u>! _____

6. Fa' <u>un favore alla mamma</u>! _____

Imagine your life.
Now go live it.

Bread
&Tulips
(Pane e Tulipani)

9

Pane e tulipani

di SILVIO SOLDINI (2000)

SCHEDA TECNICA

Regia: Silvio Soldini
Fotografia: Luca Bigazzi
Soggetto e sceneggiatura: Silvio Soldini e Doriana Leondeff
Produzione: Daniele Maggioni
Attori principali: Licia Maglietta (Rosalba Maresanto Barletta)
Bruno Ganz (Fernando Girasole)
Giuseppe Battiston (Costantino Caponangeli)
Marina Massironi (Grazia Reginella)
Antonio Catania (Mimmo Barletta)
Felice Andreasi (Il fioraio Fermo)

Il regista. Silvio Soldini nasce a Milano nel 1958; abbandonata l'università a ventun'anni, si trasferisce a New York dove frequenta un corso di cinema e realizza alcuni cortometraggi. Nel 1983 esce *Paesaggio con figure,* un mediometraggio che ottiene riconoscimenti a diversi festival cinematografici. Oltre a numerosi documentari, Soldini ha fino ad ora realizzato cinque lungometraggi: *L'aria serena dell'Ovest* (1989), *Un'anima divisa in due* (1993), *Le acrobate* (1997), *Pane e tulipani* (2000), vincitore di nove David di Donatello e di cinque Nastri d'Argento. Il film più recente è *Brucio nel vento* (2001).

La trama. Rosalba, una casalinga di Pescara un po' maldestra, viene dimenticata in un autogrill da famiglia e amici durante una gita turistica. Indispettita, pensa di ritornare a casa in autostop ma finisce per andare a Venezia, dove rimarrà molto più del previsto. Deciso a ritrovarla, il marito assume come *detective* Costantino, un giovane in cerca di lavoro.

Nota culturale: le varietà dell'italiano. Una delle componenti culturali più interessanti di questo film è la grande varietà di accenti ed inflessioni dialettali che vengono presentati attraverso i personaggi. Oltre alle tradizionali differenze di pronuncia dovute alla provenienza dall'una o dall'altra regione, si possono ascoltare anche esempi di registri linguistici diversissimi che vanno dall'italiano sgrammaticato a quello iperletterario. È anche divertente, per contrasto, il modo in cui molti italiani pronunciano scorrettamente le parole inglesi che sono ormai d'uso comune.

1. Prima della visione

1. Hai mai partecipato a un viaggio organizzato? Quale era la destinazione?
2. Esiste una città o un luogo che ti affascinano particolarmente? Quale e perché?
3. Hai mai vissuto un'esperienza che ti abbia fatto particolarmente riflettere o che abbia cambiato il corso della tua vita?
4. Secondo te, è giusto abbandonare improvvisamente la famiglia per inseguire i propri sogni?

Vocabolario preliminare

la guida turistica	tour guide
i sanitari	bathroom fixtures (tub, toilet, sink)
l'autogrill	highway rest stop and restaurant
l'orecchino	earring
essere un disastro	to be hopeless / to be a failure
fare l'autostop	to hitchhike
fare una barca di soldi	to rake money in / to make a load of money
fare il bidone	to stand someone up
avere il pollice verde	to have a green thumb
spolverare	to dust
il fioraio	florist
l'anarchico	anarchist
il libertario	libertarian
il telefonino	cellular phone
l'idraulico	plumber
la massaggiatrice	masseuse
drogarsi	to use drugs
farsi le canne	to smoke weed / pot
essere fumato	to be stoned
i libri gialli	detective stories
l'operaio specializzato	skilled worker
il posto fisso	a steady job (with long-term security)
i contributi	social security contributions
la fisarmonica	accordion
la balera	dance hall

A. Collega ogni parola o frase della colonna a sinistra con la rispettiva definizione della colonna a destra:

1. la guida turistica   il lavandino, il water e il bidet

2. fare una barca di soldi   togliere la polvere

3. fare il bidone   essere in uno stato di torpore a causa della droga

4. il posto fisso   il denaro versato per la previdenza sociale

5. i sanitari   un impiego a tempo indeterminato

6. i contributi   la persona che descrive i monumenti ai visitatori

7. essere fumato   mancare a un appuntamento senza avvisare

8. spolverare   guadagnare moltissimo

B. Completa le frasi seguenti con la scelta giusta:

1. Mio zio suona la fisarmonica in (una balera / una discoteca).

2. La persona che ripara i tubi del bagno è (il fioraio / l'idraulico).

3. Chi viaggia in autostrada si può fermare in (una cantina / un autogrill) per rinfrescarsi.

4. Molti giovani oggi pensano che (farsi le canne / avere il pollice verde) non sia dannoso per la salute.

5. Un appassionato di racconti polizieschi compra molti (sanitari / libri gialli).

6. Un modo molto economico di viaggiare è (fare il bidone / fare l'autostop).

7. Gli italiani adoperano moltissimo (gli orecchini / i telefonini) per comunicare.

8. Se una persona non riesce mai a fare le cose in modo corretto si dice che è (un libertario / un disastro).

2. Durante e dopo la visione

Metti in ordine cronologico da 1 a 5 l'apparizione dei seguenti personaggi:

_____ un cameriere dall'italiano molto elegante

_____ uno straniero astuto che affitta una barca come albergo

_____ una donna stravagante dall'accento bolognese

_____ un'affittacamere che parla in dialetto veneziano

_____ una guida turistica con un'inflessione centromeridionale

Vero o falso?

1. Il marito di Rosalba ha una ditta di sanitari.	V	F
2. I figli di Rosalba si chiamano Nic e Salvo.	V	F
3. Mimmo è sempre gentile e affettuoso con la moglie.	V	F
4. Rosalba ama la cucina cinese.	V	F
5. All'inizio Fernando vuole suicidarsi.	V	F
6. Grazia è una massaggiatrice.	V	F
7. Fermo, il fioraio, è molto scorbutico con i clienti.	V	F
8. Trovare una stanza a Venezia è molto facile.	V	F
9. I tulipani originariamente vengono dall'Olanda.	V	F
10. Salvo si fa le canne.	V	F

Completa con la risposta giusta: a, b, oppure c?

1. L'automobilista che porta Rosalba a Venezia_____.
   a. è di Udine
   b. va a Udine
   c. va in Germania

2. La pensione in cui Rosalba passa la prima notte a Venezia si chiama_____.
   a. Mirandolina
   b. Marco Polo
   c. Girasole

3. Fernando è originario_____.

    a. dell'Irlanda

    b. dell'Islanda

    c. dell'Olanda

4. Mimmo chiede a Ketty di_____.

    a. andare a Venezia

    b. stirargli le camicie

    c. innaffiare le piante

5. Un altro nome per iris è_____.

    a. tulipano

    b. geranio

    c. giaggiolo

6. Costantino è_____.

    a. un poliziotto

    b. uno scrittore

    c. un idraulico

7. Per la camera d'albergo a Venezia, Costantino può spendere a notte_____.

    a. 50.000 L.

    b. 150.000 L.

    c. 250.000 L.

8. Appena incontra Grazia, Costantino dice di chiamarsi_____.

    a. Vittorio Alfieri

    b. Vittorio Gassmann

    c. Vittorio Mezzogiorno

9. Fernando porta Rosalba a ballare_____.

    a. in un pub

    b. in una balera

    c. in una discoteca

10. Prima di aprire il ristorante, Fernando faceva_____.

    a. il poeta

    b. il professore di lettere

    c. il cantante

Fornisci tu la risposta giusta:

1. Che cosa ha perso Rosalba nel water dell'autogrill?

2. Chi è Vera Zasulic? Che cosa ha fatto?

3. Perché Mimmo dice a Ketty di essere disperato?

4. Perché il marito di Rosalba pensa che Costantino possa ritrovare la moglie?

5. Perché il fioraio mangia aglio a spicchi?

6. Perché Fernando è stato in prigione?

7. Chi è Eliseo?

8. Perché Rosalba decide di tornare a casa?

9. Come reagisce Mimmo al rientro di Rosalba?

10. Chi dice: «Cambi l'olio, gonfi le gomme e rispetti la sua età»? Quando e perché?

Metti in ordine cronologico da 1 a 15 le seguenti frasi pronunciate
da Fernando e poi prova a riscriverle in un linguaggio meno formale:

_____ Non si faccia scrupolo di chiudere a chiave...

_____ Posso assicurarLe che l'apparenza la penalizza.

_____ Me ne rallegro.

_____ Ci troviamo nella spiacevole situazione di poterLe offrire solo...

_____ Non vorrei sembrarLe indiscreto, ma...

_____ La pregherei di fornirmi spiegazioni più esaurienti.

_____ È mio dovere informarLa che...

_____ Cosa L'ha indotta a modificare i Suoi piani?

_____ Temo si tratti di una somma inadeguata...

_____ Devo ammettere che la mia fiducia...

_____ Spero che sia di Suo gradimento.

_____ Il bagno è situato a pochi passi...

_____ La prego, risparmi la mia camera.

_____ Mi duole contraddirLa, ma...

_____ Adesso voglia scusarmi...

3. Dopo la visione

Internet

a. Usando un motore di ricerca, trova informazioni sulle seguenti città a cui si accenna nel film:

1. Pescara

2. Udine

3. Chioggia

4. Paestum

In quali regioni si trovano? In quali province? Quali sono le attività economiche della zona?

b. Nei siti che riguardano Venezia cercate il nome, l'indirizzo e il numero di telefono di almeno dieci alberghi e / o pensioni e trovate informazioni sul tipo di servizio che offrono.

Spunti per la discussione orale

1. Il rapporto tra Mimmo e Rosalba è problematico. Spiega perché e fornisci esempi.

2. Analizza il personaggio di Costantino e la sua professionalità come *detective*.

3. Descrivi il personaggio di Grazia e il suo rapporto con gli uomini.

4. Confronta i quattro tipi di madre che compaiono nel film: Rosalba, la madre di Costantino, la madre di Mimmo, Adele.

5. Nel corso del film, Rosalba fa alcuni sogni. Riassumili e spiega che cosa rappresentano.

6. Descrivi ed analizza il rapporto tra Fernando ed Eliseo.

7. «Le cose belle sono lente.» Sei d'accordo con questa affermazione? Fornisci esempi di cose belle che richiedono lentezza.

8. Venezia per i turisti e Venezia per i veneziani. Cosa significa per te questo slogan?

9. «Le canne non sono droga.» Commenta questa affermazione e dai la tua opinione in proposito.

10. Sei d'accordo con le scelte di vita della protagonista? Perché?

Spunti per la scrittura

1. Prepara un dialogo in cui telefoni per prenotare una stanza d'albergo a Venezia.

2. Scrivi un fax con cui confermi la prenotazione all'albergo.

3. Basandoti sulla scena dell'incontro tra Grazia e Costantino, prepara un dialogo in cui due persone si incontrano per la prima volta. Usa il Lei!

4. Scrivi una lettera in cui Rosalba scrive a Mimmo per chiedergli il divorzio.

5. Scrivi la risposta di Mimmo alla lettera di Rosalba.

Proposte per un saggio o una presentazione a livello avanzato

1. Le varietà regionali dell'italiano.

2. Uso della lingua italiana e del dialetto: strati sociali e / o culture a confronto.

3. *L'Orlando furioso* di Ludovico Ariosto. La trama dell'opera e la vita dell'autore.

4. Venezia: la sua storia e i suoi monumenti.

4. Aspetto grammaticale

Costruzioni con l'infinito

a. Abbina un elemento della prima colonna con uno della seconda e crea frasi di senso compiuto:

In questo locale è vietato	imparare le buone maniere.
Trovare un lavoro	di innaffiare i fiori.
A Venezia è impossibile	di prendermi una vacanza.
Leggere troppo	trovare un alloggio.
È necessario	è il sogno di molti giovani.
Ho voglia	stanca la vista.
Non dimenticarti	fumare.

b. Inserisci la preposizione «a» o «di» solo quando è necessario:

Esempi   Sono spiacente _____ informarLa.
Sono spiacente di informarLa.

Vado _____ prendere del vino?
Vado a prendere del vino?

Devo _____ informarti...
Devo informarti...

1. Le suggerisco _____ provare il fegato alla veneziana.

2. Cosa ti arrabbi _____ fare?

3. Ti prego _____ non telefonare dopo le dieci di sera.

4. Speriamo _____ rivedervi ancora a Venezia.

5. Non vorrei _____ disturbare, ma devo _____ entrare in camera.

6. Contavamo _____ portare a termine il lavoro al più presto.

7. Non c'è bisogno _____ pagare in anticipo.

8. Come puoi _____ notare, la camera è in disordine.

9. Non c'è il tempo _____ continuare _____ cercare Rosalba.

10. Vorrei imparare _____ suonare la fisarmonica.

"A FILM OF STRIKING POWER.
WE'RE REMINDED OF 'ORDINARY PEOPLE'
AND 'TERMS OF ENDEARMENT'."
-Roger Ebert

THE
SON'S ROOM

A FILM BY NANNI MORETTI

MIRAMAX FILMS PRESENTS IN ASSOCIATION WITH SACHER FILM "THE SON'S ROOM" A NANNI MORETTI FILM WITH NANNI MORETTI LAURA MORANTE JASMINE TRINCA
GIUSEPPE SANFELICE SILVIO ORLANDO STEFANO ACCORSI CLAUDIA DELLA SETA EDITED BY NANNI MORETTI SCREENPLAY LINDA FERRI NANNI MORETTI HEIDRUN SCHLEEF
PRODUCED BY ANGELO BARBAGALLO NANNI MORETTI DIRECTED BY NANNI MORETTI A SACHER FILM ROME BAC FILMS STUDIO CANAL PARIS CO-PRODUCED WITH THE COLLABORATION OF RAI CINEMA AND TELE+
miramax.com/thesonsroom

10
La stanza del figlio

di NANNI MORETTI (2001)

SCHEDA TECNICA

Regia: Nanni Moretti
Fotografia: Giuseppe Lanci
Soggetto: Nanni Moretti
Sceneggiatura: Linda Ferri, Nanni Moretti e Heidrun Schleef
Produzione: Angelo Barbagallo e Nanni Moretti
Costumi: Maria Rita Barbera
Musica: Nicola Piovani
Montaggio: Esmeralda Calabria
Personaggi e interpreti: Giovanni Sermonti (Nanni Moretti)
          Paola Sermonti (Laura Morante)
          Irene Sermonti (Jasmine Trinca)
          Andrea Sermonti (Giuseppe Sanfelice)
          Oscar (Silvio Orlando)

La trama. Una agiata famiglia di Ancona, una cittadina sul mare Adriatico, è sconvolta dalla morte accidentale del figlio adolescente durante un'immersione subacquea. Padre, madre e sorella del ragazzo reagiscono in modi diversi di fronte alla tragedia e lottano per ritrovare un nuovo equilibrio tra di loro e con se stessi.

Nota culturale: famiglia e psicanalisi nell'Italia contemporanea. Il film dà una visione aggiornata delle dinamiche interne e dello stile di vita di una tipica famiglia italiana, unita e relativamente benestante. Il rapporto tra genitori e figli è presentato nei momenti trascorsi insieme a tavola, nell'attenzione per lo svolgimento dei compiti o per la pratica degli sport, e nell'interesse o nella preoccupazione degli adulti per gli amici dei ragazzi. Il film, inoltre, offre molto spazio al lavoro del personaggio principale. In un'Italia odierna sempre più agiata e secolarizzata, ma anche probabilmente più nevrotica e insicura che in passato, il ricorso alla figura professionale dell'analista è diventato comune per un numero crescente di persone afflitte dai più svariati problemi psicologici.

1. Prima della visione

1. Descrivi la tua stanza a casa. Com'è arredata? Quali
   oggetti ci sono? Cosa rappresenta per te?
2. Che rapporto hai con i tuoi genitori? Ci sono delle attività che fate spesso insieme? Su cosa andate d'accordo?
   Su cosa, invece, non andate assolutamente d'accordo?
3. Sei mai stato accusato ingiustamente di qualcosa? Come
   hai reagito o come reagiresti se ti accadesse?
4. Secondo te, cosa è necessario fare per superare il
   trauma causato dalla morte di un membro della
   famiglia?

Vocabolario preliminare

l'ammonite	ammonite
il fossile	fossil
la conchiglia	shell
rubare	to steal
il furto	theft
fare uno scherzo	to play a joke
sbeccato	chipped
rincollare	to glue back together
sentirsi in colpa	to feel guilty
starsi antipatici	to dislike one another
ammazzarsi	to kill oneself
suicidarsi	to commit suicide
suicidio	suicide
morire	to die
morte	death
piangere	to cry
sospendere	suspend
sospeso	suspended
espellere	to expel
espulso	expelled
fare footing / fare jogging /correre	to jog
fare un'immersione subacquea	to go scuba diving
l'attrezzatura	equipment, gear
la bombola d'ossigeno	air tank
saldare il coperchio	to seal the lid
inchiodare la bara	to nail the coffin
il distacco	detachment / separation
la foto con l'autoscatto	self-timed picture
il confine	border

A. Collega ogni parola della colonna a sinistra con le parole corrispondenti di senso contrario nella colonna a destra:

1. rubare   ridere, fare una risata

2. starsi antipatici   stare fermi, essere immobili

3. inchiodare   riprendere, riammettere

4. morire   schiodare, togliere i chiodi

5. piangere   nascere, venire al mondo

6. correre   starsi simpatici, piacersi

7. sospendere   integro, intatto

8. sbeccato   regalare, donare

B. Per ogni frase, scegli la risposta appropriata fra quelle proposte:

1. La bombola d'ossigeno serve per _____.
    a. giocare a pallacanestro
    b. fare un'immersione
    c. fare footing

2. Una foto con l'autoscatto probabilmente ritrae _____.
    a. un paesaggio
    b. un gruppo di persone
    c. il fotografo

3. È sperabile che una persona si senta in colpa dopo avere _____.
    a. commesso un furto
    b. fatto colazione
    c. trovato un fossile

4. Una persona si comporta con distacco quando _____.
    a. si emoziona
    b. rimane impassibile
    c. si arrabbia

5. Un'altra parola simile a «confine» è _____.
    a. frontiera
    b. barriera
    c. dogana

6. Un sinonimo di «suicidarsi» è _____.
    a. morire
    b. ammazzarsi
    c. mancare

2. Durante e dopo la visione

Vero o falso?

1. Andrea e Filippo si stanno antipatici.	V	F
2. I pazienti di Giovanni sono più donne che uomini.	V	F
3. Giovanni detesta il proprio lavoro.	V	F
4. Paola è una casalinga.	V	F
5. Irene è appassionata di pallacanestro.	V	F
6. Il ragazzo di Irene fuma la marjuana.	V	F
7. Andrea ha raccontato di Arianna ai genitori.	V	F
8. Paola vorrebbe conoscere Arianna.	V	F
9. Alcuni oggetti della casa sono sbeccati o rincollati.	V	F
10. Giovanni accompagna Arianna e Stefano fino a Genova.	V	F

Completa con la risposta giusta: a, b, oppure c?

1. L'ammonite scomparsa è a forma di _____.
        a. conchiglia
        b. corallo
        c. cono

2. A tavola Irene scommette che se Andrea arriva subito_____.
        a. non è lui che ha rubato l'ammonite
        b. è lui che ha rubato l'ammonite
        c. è il preside che ha rubato l'ammonite

3. Quando Giovanni accompagna Andrea a casa di Luciano
   dice che_____.
        a. conosce molto bene quella zona della città
        b. non è mai stato lì
        c. è già stato lì ma non ricorda quando

4. Matteo dice che il significato della versione di latino è_____.
        a. l'uomo dentro all'universo
        b. l'uomo perso nell'universo
        c. l'uomo davanti all'universo

5. Andrea è morto perché_____.
        a. si è voluto suicidare
        b. non si è accorto che l'ossigeno era finito
        c. si è perso in una grotta e ha finito l'ossigeno

6. Dopo una lite con la moglie, qualche giorno dopo la morte del figlio, Giovanni dorme_____.
>   a. nel letto matrimoniale
>   b. sul divano
>   c. sul lettino del suo ufficio

7. Dopo la disgrazia, Paola riceve per suo figlio_____.
>   a. un pacco
>   b. una cartolina
>   c. una lettera

8. Giovanni decide di abbandonare la professione di analista perché ha perso_____.
>   a. l'interesse per la psicanalisi
>   b. l'obiettività e il distacco professionale
>   c. tutti i suoi pazienti

9. Durante la sua visita, Arianna mostra a Giovanni alcune foto di Andrea_____.
>   a. fatte da lei
>   b. fatte con l'autoscatto
>   c. fatte al campeggio

10. Arianna e Stefano pensano di arrivare in Francia_____.
>   a. in autostop
>   b. in pullman
>   c. in macchina

Fornisci tu la risposta giusta:

1. Perché Andrea e Luciano hanno preso l'ammonite?

2. Cosa fa Giovanni Sermonti subito dopo la sepoltura del figlio?

3. Perché Andrea non vuole ammettere il furto dell'ammonite?

4. Secondo una paziente di Giovanni, perché i negozi sotto il suo studio fanno buoni affari?

5. Perché Irene viene espulsa dalla partita di pallacanestro?

3. Dopo la visione

Dalla lista seguente, fai un cerchio attorno ai problemi dei pazienti di Giovanni:

bulimia   stress da lavoro   claustrofobia   ossessione per l'igiene

tendenza alla depressione   schizofrenia   mania del sesso

aggressività incontrollabile   xenofobia   sterilità   logorrea   paranoia

istinto omicida   alcolismo   solitudine   terrore di volare

I pazienti del Dott. Sermonti dicono di lui che è tranquillo, sereno, freddo. Secondo te, quali caratteristiche dovrebbe avere un bravo psicanalista?

Internet

Usando un motore di ricerca:

a. Trova il testo della canzone di Caterina Caselli *Insieme a te non ci sto più* che la famiglia canta insieme sulla macchina. Scarica il testo, poi analizzalo alla luce dei fatti rappresentati nel film.

b. Trova il testo della canzone di Brian Eno *Down by the River,* che accompagna la parte conclusiva del film. Commenta il significato delle parole e anche la scelta di una canzone dal testo inglese invece che italiano.

Spunti per la discussione orale

1. All'inizio del film, il protagonista Giovanni fa jogging al porto e poi entra in un bar a prendere un caffè. Quali persone vede nella strada? Cosa fanno? Cosa rappresentano, secondo te?

2. Oscar è uno dei pazienti più importanti di Giovanni: quali sono i suoi problemi? Perché una domenica chiede a Giovanni di andarlo a trovare a casa? Cosa ha scoperto? Di cosa lo incolperà poi Giovanni? Alla fine della terapia Oscar è migliorato da un punto di vista psicologico?

3. Descrivi la scena della chiusura della bara: quali sono i suoni di sotto-fondo? Come reagiscono Paola, Giovanni e Irene di fronte al ragazzo morto? In che modo ti ha colpito questa sequenza del film? Come la interpreti?

4. Durante la messa di suffragio per Andrea, il prete cita il Vangelo: «Se il padrone di casa sapesse a che ora arrriva il ladro, non si lascerebbe scassinare la casa». Come reagisce Giovanni a queste parole? Cosa significa la sua reazione?

5. Confronta i momenti nel film in cui Giovanni fa jogging: che cosa noti di diverso nelle sequenze?

6. Quale funzione ha Arianna nel finale della storia? Ti sembra un finale positivo o negativo?

7. In cosa consiste il mito di Arianna, secondo l'antica tradizione greca?

8. Ti sei mai sentito gravemente in colpa per qualcosa che è successo a una persona amica? Racconta la tua esperienza e quello che ti ha insegnato.

Spunti per la scrittura

1. Giovanni Sermonti dice a un suo paziente: «Lei si sente sempre in colpa, sempre responsabile di quello che succede. Ma non tutto nella vita può essere determinato da noi». In che modo Giovanni applica queste parole alla propria esperienza? Personalmente, sei d'accordo con questa affermazione? Fai degli esempi.

2. Si parla spesso di incomunicabilità tra i genitori e i figli adolescenti: secondo te, è vero? Quali sono gli argomenti più scottanti che separano il mondo dei *teen-agers* da quello degli adulti?

3. Nel film l'immersione subacquea si rivela uno sport fatale per Andrea. Secondo te, quali sono gli sport più pericolosi che esistano? Fai degli esempi concreti includendo dei suggerimenti di prudenza a coloro che praticano tali sport.

4. Fai un confronto tra lo stereotipo della famiglia «perfetta» americana, così come è proposto in tanti film, e la famiglia «perfetta» di questo film: quali sono i punti in comune, quali le differenze?

Proposte per un saggio o una presentazione a livello avanzato

1. I pazienti di Giovanni e le loro diverse nevrosi: un quadro clinico emblematico dei problemi psicologici più diffusi nell'Italia contemporanea.

2. L'Italia cattolica rappresentata nella prima parte del film *Cinema paradiso* a confronto con l'Italia più laica della *Stanza del figlio:* l'importanza e il ruolo della religione dagli anni '50 ad oggi nella cultura italiana.

3. La famiglia italiana e i suoi cambiamenti dal secondo dopoguerra al nuovo millennio.

4. Aspetto grammaticale

Il congiuntivo

a. Congiuntivo o infinito? Completa le frasi con la forma verbale corretta.

1. «Dal laboratorio è sparito un fossile raro. Io non sono sicuro che la responsabilità _____ di suo figlio, ma non posso escluderlo.»
   a. abbia
   b. essere
   c. sia

2. «Giovanni, vuoi _____ io con i genitori degli amici di Andrea?»
   a. parlare
   b. di parlare
   c. che parli

3. «Preferisco _____ io.»
   a. andare
   b. di andare
   c. che vada

4. «Mi sembra che la tua traduzione dal latino non _____ niente.»
   a. signifIchi
   b. poter significare
   c. significare

5. «Devo lasciare il mio lavoro di analista. Non credo _____ distaccato e obiettivo come prima.»
   a. che sia
   b. di essere
   c. poter essere

b. Congiuntivo o indicativo? Completa le frasi con la forma verbale corretta.

1. L'analista Sermonti sa che lo sport _____ molta importanza.
   a. ha
   b. abbia

2. Andrea aveva paura che il padre non _____ lo scherzo di rubare il fossile.
   a. approvasse
   b. approvava

3. A Giovanni Sermonti piace quando i figli _____ le vecchie canzoni italiane insieme con lui sulla macchina.
   a. cantino
   b. cantano

4. Secondo un paziente, gli analisti giovani come il Dott. Sermonti _____ i peggiori.
   a. siano
   b. sono

5. Sembra incredibile che Andrea _____ a causa di un'immersione subacquea come tante altre.
   a. sia morto
   b. è morto

6. Dal punto di vista di Paola, Arianna _____ una ragazza speciale perché aveva voluto bene ad Andrea.
   a. fosse
   b. era

Illustration Credits